ROLLERS & SKATERS

SOCIOLOGIE DU HORS-PISTE URBAIN

La collection CHANGEMENT rend compte des expériences de transformations sociales impliquant le sujet-acteur dans la vie locale, en même temps que les formes de résistance à ces changements. À travers la dynamique culturelle, il est question de mettre en lumière les capacités de l'individu à participer aux transformations de son environnement, des groupes auxquels il appartient, ainsi qu'à la construction de sa propre personne.

Ouvrages parus dans la collection CHANGEMENT :

Sombart de Lauwe, P.H., ***La Culture et le pouvoir***, 304 p.

Chombart de Lauwe, P.H., coord., ***Culture-action des groupes dominés. Rapports à l'espace et développement local***, 317 p.

Lagrée J. Ch., ***Les jeunes chantent leurs cultures***, 168 p.

De Ridder G., ***Du côté des hommes, à la recherche de nouveaux rapports avec les femmes***, 220 p.

Imbert M. et Chombart de Lauwe P.H., ***La banlieue aujourd'hui***, 320 p.

Poitevin G., ***Inde : village au féminin***, 250 p.

Poitevin G., ***Inde : les marginaux de l'éternel***, 210 p.

Pavageau J., Gilbert Y. et Pedrazzini Y., dirs., ***Le lien social et l'inachèvement de la modernité. Expériences d'Amérique et d'Europe***, 258 p.

Schaffhauser Ph., ***Mechuacan Anapu : Une Sociologie de l'Identité au Mexique***, 300 p.

Cazals-Brazes M. et Pantobe M., ***Corps Masculins. L'enjeu d'une métaphore***, 155 p.

ISBN : 2-7475-0770-X

Yves PEDRAZZINI

ROLLERS & SKATERS

Sociologie du hors-piste urbain

ARCI
Association de Recherche Coopérative Internationale

L'Harmattan
5-7, rue de l'École-Polytechnique
75005 Paris
France

L'Harmattan Inc.
55, rue Saint-Jacques
Montréal (Qc) CANADA
H2Y 1K9

L'Harmattan Hongrie
Hargita u. 3
1026 Budapest
HONGRIE

L'Harmattan Italia
Via Bava, 37
10214 Torino
ITALIE

Du même auteur :

L. Tissot, Ch. Jaccoud et Y. Pedrazzini, dirs. (2000), *Sports en Suisse : traditions, transitions et transformations*, Lausanne, Antipodes.

Ch. Jaccoud et Y. Pedrazzini, éds. (1998), *Glisser dans la ville : Les politiques sportives à l'épreuve des sports de rue*, Neuchâtel, Centre International d'Etude du Sport.

Y. Pedrazzini et M. Sanchez R. (1998), *Malandros : bandes, gangs et enfants de la rue - la culture d'urgence dans la métropole latino-américaine*, préface de Manuel Castells, Paris, éditions Charles Léopold Mayer / Desclée de Brouwer.

J. Pavageau, Y. Gilbert et Y. Pedrazzini, dirs. (1997), *Le lien social et l'inachèvement de la modernité. Expériences d'Amérique et d'Europe*, Paris, L'Harmattan, coll. "Changements".

Y. Pedrazzini et al., (1994) *Rêves individuels et aventure collective - une sociologie de l'illégitimité au Mexique, au Venezuela, en France et au Portugal*, Paris, L'Harmattan, coll. Logiques Sociales.

« De tant d'histoires auxquelles nous participons, avec ou sans intérêt, la recherche fragmentaire d'un nouveau mode de vie reste le seul côté passionnant ».
(Guy Debord, 1956)

« L'espace règne. C'est comme une onde aérienne qui glisse sur les surfaces, s'imprègne de leurs émanations visibles pour les définir et les modeler, et emporter partout ailleurs comme un parfum, un écho d'elles qu'elle disperse sur toute l'étendue environnante en poussière impondérable ».
(Elie Faure, 1921)

« Si pauvre qu'elle soit, ma créativité m'est un guide plus sûr que toutes les connaissances acquises par contrainte ».
(Raoul Vaneigem, 1967)

Avertissement

Cet essai de sociologie du sport est le résultat d'une progressive immersion dans les mondes de la glisse urbaine internationale. Sous ce label non déposé, je regroupe les pratiques des rollers, des skateboarders, des longboarders, des bikers, des lugeurs de rue, des amateurs de « nouvelles trottinettes », etc., sans discrimination. Les skateboarders et les rollers ont pris l'habitude de se détester, au nom de la détention par les premiers d'une pureté que les autres auraient perdue dans la recherche effrénée du pain offert par les sponsors. A Lausanne, au Skatepark HS36 notamment, cette guerre des mondes n'existe pas. A L'International Roller Contest, le comité aime inviter des skateboarders en démonstration. Beaucoup de *riders* locaux ont passé du patin à la planche, ou l'inverse. La présente étude reflète l'état d'esprit de ce milieu. Est-ce au nom du fameux compromis helvétique ou plutôt, comme nous le pensons, dans une tentative de décollage poétique et l'amour du sol bitumé que se rejoignent les pratiques de tous les adeptes du « hors-piste urbain », qu'ils soient effectivement dans la rue ou qu'ils répètent les mécanismes de leur envol sur les rampes d'un skatepark, qu'ils soient – surtout – en rollers ou sur un skateboard. L'intention de ce petit livre qui n'est pas un traité de glisse est l'évocation des sociabilités urbaines d'une espèce du prochain siècle, les flâneurs hâtifs de la ville. Que mille particularités les séparent les uns des autres n'empêche pas l'identité de tous ces glisseurs : virtuoses ou maladroits, ce sont, chacun à leur manière, des hors-la-loi de la pesanteur.

Pour comprendre ces pratiques, des sociologues ont mené, entre 1997 et 1999, deux recherches croisées sur les nouveaux sports de glisse urbains et l'influence qu'ils exercent sur les politiques sportives au niveau local. L'une s'attachait à comprendre les stratégies adoptées par les responsables des politiques publiques, sportives et culturelles, face à l'irruption des glisseurs sur la scène du sport et de la ville, le roller s'avérant être autant une culture qu'une pratique sportive (Jaccoud, 1998) ; l'autre – présentée ici - se proposait d'approcher, par le biais d'une « ethnographie restreinte », le milieu des patineurs urbains. Ces études ont été menées principalement dans deux villes de Suisse Romande, Lausanne et Bienne, où de nombreux *riders*, des nouveaux opérateurs sportifs et des responsables de politiques publiques nous ont aidé avec beaucoup de gentillesse dans nos travaux d'approche du phénomène du « hors-piste urbain ».

Je remercie particulièrement Emmanuelle Bigot, responsable du Skatepark HS36 de Lausanne, membre de l'association « La Fièvre » et du comité d'organisation de « L'International Roller Contest Lausanne », qui a bien voulu relire ce texte à plusieurs reprises au fil de sa rédaction et m'éviter ainsi nombre d'erreurs de *rider* débutant. Merci aussi à Chantal et Jacques Bigot pour l'orthographe à quatre yeux ! Merci à Maria Graf, Patrick Christe (& The Loud Minority de Bienne), Daniel & The Braillard Family... Merci à quelques autres - dont Manu Chao pour la bande-son (¡ *esperando la proxima ola* !)...

Ce livre est dédié à la mémoire de Alí Campomar, « champion des mondes » de *baloncesto de calle*, et à Indiana et Túpac, pour qu'ils me changent tout ça !...

Lausanne, 31 décembre 2000, 23h59

Introduction

LA GLISSE URBAINE

Chaque époque produit des lieux particuliers qui ne correspondent qu'à elle. Pour les habiter ou les *hanter*, elle produit aussi des « figures » qui ne s'apparentent à aucune figure produite avant elle. Notre époque est urbaine, ses lieux sont ceux qui caractérisent immédiatement la ville, la grande ville, la métropole et au premier rang desquels je mettrais la friche industrielle, l'entrepôt désaffecté, le terrain vague et ce qui permet d'aller de l'un à l'autre, les rues, les avenues, les escaliers du métro, les ponts sur les rails de chemins de fer, les passages sous voie... Et, glissant de l'un à l'autre, notre figure contemporaine, celle que nous choisirons pour identifier notre époque, maintenant : la figure du roller, du skater[1], notre préférence allant à ceux qui ne se contentent

---

1 Précisons d'emblée que ce sont surtout les rollers - patineurs aux patins à roues alignées (*in-line*) et patineurs « traditionnels » en quads (2x2 roues) - qui ont fait l'objet de notre étude, et les skateboarders dans une moindre mesure. Les amateurs de *in-line* s'expriment principalement dans trois domaines : le *stunt*, agressif, comprenant le *street* (en ville ou en « milieu artificiel ») et la rampe ou *half-pipe* ; la descente (*downhill*, très lausannois !) et la promenade *fitness*. Les amateurs de quads préfèrent généralement aujourd'hui le fitness même si certains spécialistes « old school » excellent encore à la rampe et en street. Ajoutons qu'au-delà de l'opinion que les rollers agressifs et les skateboarders peuvent avoir les uns des autres, nous les regrouperons ici généralement sous le terme générique de *riders*, puisqu'ils entretiennent un rapport semblable à l'équilibre et à la pesanteur. Enfin, n'oublions pas que les innombrables développements technologiques de la glisse et donc les nouveaux produits – cross, tout-terrain, randonnée… - et nouveaux marchés qui

pas des contests et des skateparks mais ne jurent que par la rue, la véritable glisse, le hors-piste urbain…

Il y a à peine cinq ans, une pratique à la fois physique et motrice comme le skateboard paraissait devoir être désormais le fait de quelques irréductibles *trashers* adolescents, amateurs de bière mexicaine, de centres commerciaux et de musique *grunge* (Beal, 1995). Cette activité ludico-sportive avait, il est vrai, connu de nombreux hauts et bas depuis son apparition sur la côte californienne au milieu des années 60, mais rien n'indiquait une reprise marquante de popularité. Aux yeux des irréductibles en question, c'était d'ailleurs tant mieux, la popularisation par des milliers d'inconnus de l'un de vos plus chers plaisirs intimes étant la plupart du temps perçue comme pour le moins scandaleuse, car il ne reste plus alors aux amateurs éplorés qu'à se chercher de nouvelles sensations, abandonnant à la mode et aux marques les plaisirs désormais évanouis... Toujours est-il qu'en 2000, après avoir frisé l'anachronisme et la ringardise, le skate - devenu SK8 entre temps - est de retour. Est-ce un retour durable ? Est-ce une conséquence urbaine de l'actuelle popularité du snowboard consacré discipline olympique à Nagano ? On ne le sait pas, mais on peut néanmoins s'interroger sur ce qui apparaît au connaisseur du milieu de la glisse urbaine comme le facteur déterminant dans ce retour du skateboard : la banalisation de l'usage des patins à roues alignées et la création corollaire d'équipements de plus ou moins bonne qualité dans des villes il y a peu encore très anti-skates et aujourd'hui apologues échevelés de cette nouvelle « culture jeune », « pratique de déplacement, de transport ludique », voire « de première activité de loisir véritablement familiale » (Lefevbre, Latouche et Chouinard, 1997)... De quoi faire

---

y sont désormais associés font que les catégories ci-dessus ne sont que relatives !

grincer des dents les patineurs rebelles et agressifs, et les ramener vers l'outil des origines : la planche !

À Lausanne, jadis connue pour ses méthodes radicales de répression, voire d'éradication des expressions de cette même culture jeune mais qui, il y a vingt ans, prenait la forme du blues maoïste, du rock alternatif et des squats, on ne jure plus actuellement que par le roller, au point de s'en prétendre, en reprenant sans rire la formule ironique des *riders*, la capitale mondiale. Les transports publics acceptent aujourd'hui sans rechigner de fonctionner comme « remonte-pentes », les urbanistes, comme les spécialistes de la voirie et du mobilier urbain, doivent prendre en compte la cartographie secrète des meilleurs *spots* afin d'en favoriser l'occupation par ceux qui passaient encore, il y a peu, pour des bandits ou des guérilleros (Bigot, 1997). Lausanne est bien sûr une ville à part puisque surdéterminée par sa verticalité (Amphoux, 1987) qui, avant d'en faire le rollers'paradise que l'on sait, a surtout posé depuis toujours d'énormes problèmes de circulation et de construction aux municipalités qui en ont dirigé les politiques publiques. Pourtant, cette spécificité ne doit pas nous cacher le fait que la « rollarisation » du monde occidental est (peut-être) en route ! Et les habitants des villes plates, Genève, Amsterdam, Paris, New York, connaissent, grâce à leur relief insignifiant, une mutation rapide de leurs pratiques de mobilité, cela non seulement dans les cercles restreints des sportifs ou des branchés mais bien au niveau de l'ensemble de la population. Tout le monde ne fait pas du roller, mais plus personne ne s'étonne de voir passer un patineur, que ce soit au supermarché, au restaurant, voire dans les couloirs de l'administration publique. À Lausanne, « capitale olympique » avant d'être celle - officieuse - du roller, il ne faut pas oublier que la pratique touristique ou dominicale du patin à roues alignées participe d'un projet municipal d'ordre et de paix lacustres : le roller, une fois pratiqué à plat, par des gens aux antipodes des fonceurs du roller extrême et sur les aires de loisirs et de promenade pour ainsi dire dessinées à cet effet, participe à la plus value culturelle recherchée par la cité lémanique. Elle est conforme à l'image ordinaire du bonheur olympique - des citoyens au corps sain, en harmonie avec la nature et pour qui « l'essentiel est de participer » plus ou moins doucement et régulièrement à cette mission *d'entretien* de leurs autorités - et conforme également à l'image jardinière et paysagère très valorisée depuis deux ou trois ans. Sport et promenades au bord du lac.

Mais si, à Lausanne, la banalisation du *in-line* répond (entre autres) à des stratégies de l'Office du Tourisme, dans les autres villes romandes ou françaises cette « banalisation » est, sous des formes diverses, à l'œuvre également. Sociologiquement parlant, c'est bien le fait que le roller soit devenu si rapidement une figure ordinaire - et non plus extraordinaire - de l'environnement construit qui justifie notre intérêt. Cette pratique n'est jamais, en fin de compte, que l'une des facettes minuscules des pratiques quotidiennes urbaines mais on sait à quel point est précieux pour le sociologue ou l'ethnologue cet infime détail des jours dont parlait Henri Lefevbre, il y a quarante ans. On y trouve, dissimulé sous une apparence anodine, tout ce qui est vraiment important à connaître dans un milieu qui change vite. La glisse urbaine, le hors-piste des villes mais aussi, dorénavant, la promenade dominicale montée sur patins sont des phénomènes qui, comme le rap, sont les indicateurs microsociologiques de faits sociaux totaux, en l'occurrence ce que d'aucuns ont pu nommer l'urbanisation ou la métropolisation de la planète. De plus, ce n'est qu'en parvenant à reconstruire les éléments du banal et de l'ordinaire que l'on peut espérer ensuite se livrer à une véritable « critique de la vie quotidienne » (Lefevbre, 1961), entreprise qui, dans notre cas, visera à porter un regard sociologique que nous espérons quelque peu novateur sur les transformations sociales et spatiales de la ville dues à une pratique des sports urbains.

Les nouveaux sports de rue - mais en fait la rue elle-même devenue lieu de vie et non plus seulement de passage - sont des objets ultra contemporains que la sociologie urbaine ne saurait ignorer sous peine de perdre toute crédibilité. À une époque où les notions mêmes de travail, de famille - clan, réseau, tribu... - de nation, d'éducation, sont devenues floues, il est peut-être possible de partir d'une notion vague comme celle de « sport » pour essayer de construire une théorie du lien social contemporain et retrouver, dans les gravats des pensées anciennes, une nouvelle et efficace manière de penser le réel.

Pourtant, au-delà de ces intérêts multiples, le roller est surtout, selon nous, une expression sublime - parfois quand les « pros » s'y essaient - ou ridicule – souvent, pour la plupart des amateurs maladroits qui constituent aujourd'hui le gros du troupeau (mais qu'importe : c'est parce qu'il grossit qu'il y a objet sociologique) - de ce désir ancestral de voler, de s'élever, de glisser au-dessus du sol, un rêve d'Icare que l'avion, trop technique, n'aura jamais pu satisfaire (Jaccoud et Pedrazzini, dirs., 1998). Le roller est l'expression de la volonté d'apesanteur contemporaine, le souhait passionné de survoler sans machine les rues ou les places de nos villes, de voler de ses propres muscles, de ses propres patins... C'est donc aussi à l'étude de « fondements anthropologiques » que nous nous essayons ici, deux d'entre eux, du moins, le désir d'accélération et de vitesse ; le désir de décoller et de voler. Ces désirs, alliés aux avancées de la science, se sont transformés en avions, mais ils sont ainsi devenus les rêves des ingénieurs de l'aéronautique puis les rêves des ordinateurs. Mermoz est perdu en l'air, une nouvelle fois. Ce sont les avions qui s'écrasent et non pas les aviateurs ni leurs rêves d'oiseau. Les nouveaux sports, non exempts, il est vrai, de technologies de pointe, sont cependant une version contemporaine - *surmoderne* - de ces mythes grecs ou barbares de demi-dieux des nuées.

Ils annoncent aussi certainement rien moins qu'une révolution - ou en tout cas une insurrection communarde, une sorte de colonne Durutti ! - dans le champ sportif parce qu'ils sont sans aucun doute et pour autant que l'on y prenne garde, « *la chance offerte à la poésie, c'est-à-dire à la construction totale de la vie quotidienne, au renversement global de perspective, à la révolution* » (Vaneigem, 1967, p. 203). Ce travail-là fut celui de l'art au XIXème siècle. Mais l'art est devenu marchandise et, dès les années 30, l'artistique s'est retranché dans le sport, la boxe – le « noble art » - notamment. Puis, une fois le sport devenu lui aussi marchandise, l'art a trouvé refuge dans les « nouveaux sports ». Mais voilà qu'ils deviennent la nouvelle marchandise du monde... Alors ? Il faut débusquer le prochain refuge de l'art, de l'âme humaine, le cœur ou le fœtus du mouvement à venir...

Dès lors, le texte qui suit vise un double objectif. Le premier est de procéder, de la manière la plus sensible possible, à une ethnologie d'un certain milieu *roller* romand, afin de comprendre les pratiques spécifiques des skaters, leurs façons de s'organiser, leurs rapports aux alter ego et aux autres, leur relation avec l'espace urbain, etc. Le second est d'évoquer - à partir du phénomène que nous avons baptisé le « hors-piste urbain » et que l'on peut comprendre comme le *spectre* hantant le roller - les formes contemporaines du désir d'apesanteur de l'être humain, équivalent actuel et généralement plus ludique que tragique du rêve d'Icare non pas tant de voler que d'approcher le soleil, à une époque assez malheureuse et grise où les nuages voilent celui-ci plus souvent que nécessaire[2]. Les pages qui suivent constituent ainsi, modestement, une sorte d'essai sur un mouvement profond de notre société, la lutte pour l'affranchissement de notre plus vieille servitude : avoir les pieds sur terre. Petit traité de sociologie du hors-piste urbain, le présent ouvrage se voudrait donc à la fois une poétique et un éloge de l'apesanteur contemporaine et de ses « hors-la-loi » .

---

2 Selon « l'inventeur » de la glisse, le Français Yves Bessas, « *sur nos planches de surf, nos skis, nos planches à voile, nos ailes volantes, nous ne sommes pas si loin de cette tentation d'absolu qui habitait Icare se rapprochant du Soleil* » (1982, p. 9).

Chapitre 1

LA SOCIETE « HORS-PISTE » : UNE REVOLUTION CULTURELLE DES NOUVEAUX SPORTS

« *Installé sur des certitudes autoréférentielles depuis près d'un siècle, le sport se trouve aujourd'hui engagé dans une véritable révolution culturelle* » qui « *s'inscrit, très naturellement, dans le processus de changement social et culturel qui rythme l'évolution de la société occidentale depuis un quart de siècle* » (Loret, 1997, p. 34). Cette révolution (ou évolution ?) du sport s'inscrit également à l'intérieur de plusieurs processus contemporains : l'urbanisation de la planète et des cultures humaines ; la déconfiture de la valeur « travail » ; la féminisation des pouvoirs civils ; la conquête du présent par les teen-agers... Voilà la toile de fond de cette recherche sur le hors-piste urbain.

Une sociologie « à partir des sports »

Roger Caillois (1967, p. 141) constate justement que le jeu - le sport notamment - « *ce prétendu délassement, au moment où l'adulte s'y livre, ne l'absorbe pas moins que son activité professionnelle. Souvent il l'intéresse davantage. Parfois, il exige de lui une plus grande dépense d'énergie, d'adresse, d'intelligence ou d'attention. Cette liberté, cette intensité, le fait que la conduite qui s'en trouve exaltée se développe dans un monde séparé, idéal, à l'abri de toute conséquence fatale, expliquent, selon moi, la fertilité culturelle des jeux et font comprendre comment le choix dont ils témoignent révèle pour sa part le visage, le style et les valeurs de chaque société. Aussi, persuadé qu'il existe nécessairement entre les jeux, les mœurs et les institutions des rapports étroits de compensation ou de connivence, il ne me paraît pas au-delà de toute conjecture raisonnable de rechercher si le destin même des cultures, leur chance de réussite, leur risque de stagnation, ne se trouvent pas également inscrits dans la préférence qu'elles accordent à l'une ou l'autre des catégories élémentaires où j'ai cru pouvoir répartir les jeux et qui n'ont pas toutes une égale fécondité. Autrement dit, je n'entreprends pas seulement une sociologie des jeux. J'ai l'idée de jeter les fondements d'une sociologie* à partir *des jeux* ».

Le sport est une fractale du monde contemporain. On peut y découvrir l'histoire des individus et des sociétés, les soubresauts de l'histoire et les luttes politiques de toutes sortes. On peut aussi trouver dans le sport le reflet des systèmes de valeurs, des mutations sociales et culturelles à l'œuvre à une époque donnée et l'annonce parfois de changements prochains. Ainsi, d'aucuns ont pu considérer, après coup, l'apparition des nouveaux sports alternatifs dans les années 80 comme l'annonce des transformations globales ayant culminé en 1989 avec la chute du mur de Berlin. Contre les structures sclérosées du champ sportif englué dans une guerre froide menée par de vieux malades (J.O. de Moscou en 1980, J.O. de Los Angeles en 1984...), la volonté d'être libre dans le sport s'est traduite par l'irruption de la vague *fun* et de la glisse. Mais en même temps, le *streetball* annonçait, sur les *playgrounds* des ghettos américains, le déplacement des frontières vers l'intérieur des grandes métropoles. Les villes devenaient d'ailleurs dès la fin des années 80 la scène de prédilection des nouveaux sports, plus que la montagne ou la mer, car à chaque image de la ville correspond un sport particulier, voire, dans le cas du patinage urbain, différentes variantes d'un même sport. Au sport-évasion pratiqué loin de la ville polluée répondent aujourd'hui nombre de nouveaux sports urbains qui sont autant d'hymnes à l'asphalte.

Le sport n'est pas un monde à part (Thomas, Haumont et Levet, 1987) et même si, par ailleurs, il est bon que la sociologie du sport puisse peu à peu délimiter un champ qui lui soit spécifique, il est évident que, depuis une dizaine d'années, une telle sociologie des sports a de plus en plus de peine à ne pas être une sociologie urbaine. Il est difficile de nommer et de dater (pour autant qu'elle existe) la rupture des nouveaux sports avec les sports modernes établis. Mais on peut par contre la situer culturellement : il s'agit bien de la rupture des sports avec le milieu naturel. Aujourd'hui, la plupart des sports encore créatifs se caractérisent par leur *urbanité* et le fait d'avoir opté, contre la culture physique, pour une culture esthétique et sensuelle. Leur style est urbain plus que sportif.

Nous avons derrière nous quelque quinze années de recherche urbaine. Si donc nous avons aujourd'hui entrepris de travailler la question des sports - dits nouveaux - de rue, c'est bien parce que nous espérons continuer ainsi à étudier les mouvements de la ville et de ses cultures reconnues, méconnues ou inconnues. Nous espérons, autrement dit, aller de cette façon vers une sociologie des nouveaux sports *et* de la rue. Comprendre l'émergence des nouveaux sports (en commençant par voir s'il y a lieu de les considérer comme nouveaux) et - mais surtout - comprendre le rôle restauré-rénové de la rue du temps que les voitures ont toujours raison. Les rollers « de rue »[3], spécialement à Lausanne, ville

---

3 Et non pas de « street », puisque, paradoxe néo-sportif, le street ne se pratique en principe pas dans la rue mais sur les aires prévues à cet

en pente où ils ont passé visiblement un pacte avec Newton pour une suspension des devoirs de pesanteur, opèrent une véritable reconquête des espaces routiers urbains. Combien sommes-nous aujourd'hui à avoir perdu notre lutte quotidienne avec les véhicules à moteur, que nous soyons d'ailleurs vaincus à l'extérieur de la voiture, comme piétons, ou à l'intérieur, comme conducteurs ou passagers, prisonniers de quelques mètres cubes le plus souvent arrêtés à un feu ou alors lancés sans possibilité de détour sur une autoroute, *highway* ou *speedway* mais plus jamais *freeway*... Pendant ce temps, de fameux *fun*ambules, sur leur planche ou leurs patins, glissent sur des routes désormais perdues pour les voitures comme pour les piétons, mais qu'eux, parce qu'ils ont repris de la vitesse, ont réussi à regagner, retrouvant une marge de manœuvre importante dans les espaces balisés. Les temps sont peut-être simplement en train de changer. Ce sont aujourd'hui non plus les citoyens policés mais les *barbares* - affreux, sales et méchants, mais aussi : vivants, jaillissants, traversants - qui font la cité. Ne la « rasent » plus que ceux qui rasent les murs, la nuit tombée. Ceux qui restent après ça dans les rues sont les derniers à l'habiter tout entière.

À les voir passer, on pourrait penser que l'homme a encore une chance d'être libre dans la ville. Ainsi, une certaine révolution a certainement eu lieu. Est-elle terminée et assiste-t-on, sur les skateparks et sur Eurosport, à une remise en ordre des expériences indisciplinées ? Pas sûr. Ceux qui ont inventé le hors-piste - le hors-piste urbain - ne seront récupérés que par eux-mêmes. La fin des grands albatros n'est que le prélude à l'envol de milliers de moineaux, ce qui n'est pas mal non plus...

---

effet dans les skateparks et lors des contests, des aires dites « de street », précisément...

Pour une sociologie des sports en Suisse

Seule une petite part du sport est une affaire de muscle. Le reste, bien plus important, est une question de société et donc de sociologie. Pourtant, malgré cette évidence, la sociologie du sport n'a pas encore véritablement éclos en Suisse. « *Le jeu sportif est le grand délaissé de la recherche scientifique* », constatait, il y a plus de dix ans, l'un des pionniers en matière de sociologie du sport, Pierre Parlebas (1986, p. 21). Aujourd'hui, si la situation s'est passablement améliorée en France où les chercheurs de qualité abondent, les choses n'en vont pas de même en Suisse où la sociologie du sport a encore de la peine à se faire une place. En effet, si le milieu universitaire suisse a admis depuis une bonne vingtaine d'années la légitimité d'une sociologie de la culture et même d'une sociologie de la culture populaire, de la culture de masse, des loisirs, voire même du divertissement (Willener, 1987), l'étude du sport d'un point de vue sociologique est encore considérée par beaucoup de chercheurs et d'enseignants comme pur... divertissement, précisément.

Sur ce point, et pour revenir en France, il est intéressant de constater (c'est un exemple) que dans sa très complète analyse de la « galère » des jeunes des nouvelles « classes dangereuses » de la fin des années 80, le sociologue François Dubet (1987) ne prend pas en compte les activités sportives de ces jeunes, pas au point en tout cas de leur consacrer un chapitre (pas de trace du mot sport dans l'index thématique). Dix ans plus tard, dans une étude sur des populations socialement proches, David Lepoutre (1997) consacre un long chapitre aux « échanges ludiques et sportifs » sans la compréhension desquels on passe à côté de l'essentiel du *cœur* de la banlieue. Les pratiques sportives n'ont pas pris tellement d'importance en une décennie. Pas dans les banlieues, en tout cas, où elles ont toujours été fortes et structurantes (classes sociales, rapports hommes/femmes, parents/enfants, relations interethniques, etc). Par contre dans les travaux de sociologie et d'ethnologie, elle a fait une apparition remarquée. En France, du moins, car en Suisse, les avancées sont rares et mesurées, et la recherche sur le sport reste pour l'essentiel l'affaire des médecins, des juristes et des économistes.

Pourtant, il faudrait être aveugle pour ne pas voir et comprendre à quel point le sport, comme pratique, système de valeurs non homogène et réservoir économique, influence nos sociétés modernes. Une *sportivisation* de la société est en cours et il s'agit là d'un phénomène au moins aussi important que ceux que constituent depuis quelque temps déjà, la « féminisation » de ses hiérarchies et de ses modes d'organisation et de pouvoir, ou encore son *urbanisation*, même si ce sont là des faits sociaux autrement plus visibles et apparemment d'une dimension supérieure, d'une gravité plus grande, des phénomènes plus sérieux donc. Cependant, quel individu, quel groupe social, quelle pratique, quel objet échappent encore totalement au sport en ce début de XXIème siècle ? Un événement tel qu'un Championnat du Monde de Football n'est-il pas le dernier fondement anthropologique de notre temps, l'ultime point commun des hommes par ailleurs divisés par le mouvement chaotique de leurs cultures, de leurs économies, de leurs politiques intérieures et extérieures, de leurs histoires et projets petits et grands ?... Quelle personnalité peut s'enorgueillir d'être connue à la fois des habitants d'Anchorage et de Kriens, de Punta del Este et de Taormina, sinon Ronaldo ? Le Che, peut-être mais il est mort (et il était Argentin donc un peu footballeur tout de même). Même le rock de U2 n'est pas aussi planétaire...

La sociologie s'intéresse aux vivants. Elle ne saurait donc aujourd'hui délaisser le champ sportif, aussi pertinent et fructueux que d'autres, plus peut-être que d'autres aujourd'hui, tels que la parenté, les classes sociales ou le travail. Ce n'est qu'en procédant à une sociologie du/des sport/s que nous parviendrons à évaluer la place réelle de ces nouvelles expressions humaines dans nos sociétés. Le sport est une expérience sociale et la sociologie doit en rendre compte et les nouveaux sports de rue sont une expérience urbaine à laquelle la sociologie urbaine doit forcément s'intéresser. Une chose importante cependant : la sociologie des sports ne peut, sous prétexte de porter son attention sur les nouvelles pratiques sportives, « *ignorer toutes les autres qui continuent à intéresser le plus grand nombre* » (Sansot, 1988, p. 20). Mais, de la même manière que ces sports « traditionnels » ont eu droit à de nombreuses études scientifiques de la part de spécialistes de l'histoire sociale du corps, des organisations, des sociabilités associatives, etc. (Pociello, 1995, 1981), les nouveaux sports, qu'ils se pratiquent en milieu naturel ou urbain, sollicitent de nouvelles analyses sociologiques.

Le sens de la glisse

Selon le sociologue du management Alain Loret, on peut définir la glisse comme « *une intuition du temps et de l'espace, une sorte d'aventure de l'instinct* »... Pour comprendre en quoi la glisse est un acte fondamental, une version contemporaine de l'éternelle tentative humaine pour étreindre le ciel bleu, l'air, la lumière solaire, pour apprivoiser la mort, oublier le vieillissement du corps, la fuite de la jeunesse, la défaite programmée des joueurs, des artistes, il faut chercher l'essence du geste sportif. Le sens profond de cet exercice des muscles et de l'âme est le dépassement ou l'apprivoisement des matières terrestres - l'eau (qui est neige, parfois), la terre (devenue sol, route, chemin de pierre), l'air. Manque le feu, apparemment, mais le feu, c'est justement l'âme, l'esprit, la passion qu'il faut aussi savoir dompter pour ne pas être emporté, à laquelle il va falloir aussi parfois résister. Sans cette capacité de résister à son propre emportement, à sa propre précipitation, le glisseur sera vaincu par les surfaces. Car le sens de la glisse est « *celui d'une victoire sur les éléments, d'un jeu difficile d'équilibre où il faut tout à la fois tenir compte de la pesanteur, de la vitesse, de la pente, de la topographie, de la qualité de la neige, etc.* » (Autrement, 1994, p. 57). S'il parvient à maîtriser tous ces éléments, l'être humain pourra glisser.

Pourtant, si la neige, l'eau, l'asphalte, sont des données avec lesquelles on ne peut pas négocier, un autre « élément » a une importance au moins égale à celle de ces « supports » matériels : il s'agit de l'élément sensuel et émotionnel qui, dès l'apparition des nouveaux sports dans les années 70, a permis l'identification du *mouvement* plus que n'importe laquelle des techniques sportives inventées alors. De plus, il est bon de se rappeler que cette sensualité et cette émotion ne sont pas détachées du contexte social et de l'actualité mais *s'en détachent*, c'est-à-dire y ont quand même leur point d'appui. Pour cette raison, on peut dire que les nouveaux sports s'inscrivent dans le courant contre-culturel que l'on a pu nommer la sensibilité alternative. Ceci explique pourquoi on a pu dire que l'on ne comprendra rien aux valeurs des nouveaux sports de glisse si l'on ne comprend pas pourquoi le ski tel qu'il se pratique habituellement moitié sur les pistes, moitié dans les queues des restaurants self-service, ou le patinage artistique sous toutes ses formes *ne sont pas* des sports de glisse (Loret, 1995, p. 164).

Une sociologie des nouveaux sports

Chaque fois que l'on oppose des faits ou des phénomènes « nouveaux » et « anciens », on s'expose à être contredit sous le prétexte que le nouveau n'est pas si nouveau que ça, a toujours existé, tandis qu'inversement, on vous prouvera par A + B que l'ancien est toujours d'actualité, qu'il n'a pas disparu et fait toujours sens. Il en va bien sûr de même en sociologie où cette discussion se fait au nom des principes théoriques défendus par les uns et les autres. Dans le cas de la sociologie des sports, l'affaire est clairement du même acabit : les nouveaux sports ne seraient pas si neufs que ça, ne seraient qu'une déformation des sports traditionnels, etc. En ce qui concerne le roller - les sports de glisse urbains en général au nombre desquels on compte désormais la *street* luge - il ne s'agirait en aucun cas d'un nouveau sport, ou du moins pas d'une nouvelle activité ludico-sportive puisque, dans les livres d'histoire, l'on trouve les premiers patineurs à roulettes aux pages consacrées au XVIIème siècle déjà, soit une bonne centaine d'années avant que ne germe dans l'esprit des ouvriers anglais l'idée du *soccer* ! En effet, histoire ou légende, c'est un nommé Merlin - l'enchanteur ? - (1735-1803) qui passe pour être l'inventeur du patin à roulettes (Nieswizski, 1991, p. 14). Le plus vieux « roller » du monde a donc déjà deux siècles. On risquera néanmoins l'idée que certaines choses ont fondamentalement changé depuis lors...

Si l'on veut situer l'innovation sportive contemporaine, on peut dire que le champ sportif a connu, ces derniers trente ans, quatre grandes « époques » que l'on pourrait résumer de la manière suivante :

- les années 60, dont l'objet symbolique serait le surf : c'est le temps de l'esprit cool, beatnik, de la plage et de la contestation sociale du « sport d'intégration », aux Etats-Unis tout d'abord, puis en France (Malaurie, 1994) ;

- les années 70 : la planche à voile, objet type de l'innovation technologique artisanale mais vite relayée par les premiers fabricants commerciaux ;

- les années 80 : le skate (le retour), le roller, mais aussi le snowboard ; c'est l'époque des « guérillas urbaines », en ville bien sûr, mais aussi à la montagne ;

- les années 90 : l'époque des sports extrêmes, du plaisir trouvé dans la défonce et le risque absolu...

On le voit, plus que des innovations du corps, ce sont les révolutions culturelles perpétrées contre l'ordre sportif physique et moral - la discipline sportive -, qui ont marqué ces époques de transition. C'est, évidemment, l'esprit avec lequel on a recommencé à pratiquer le patin et les autres sports de sensibilité alternative dans les années 70 qui importe le plus et permet de parler de « nouveaux » sports. Le fait que l'on puisse légitimement raconter l'histoire de la glisse urbaine de 1700 à nos jours n'y change pas grand-chose. Il y a eu, sociologiquement, du nouveau dans le champ des jeux sportifs à partir du début des années 70.

Dans les années 80, on a commencé à reconnaître que l'apparition des « nouveaux sports » marquait une rupture sans doute importante avec les sports traditionnels. Par nouveau sport, on entendait alors « *un sport réputé facile, que l'on pratique essentiellement pour son plaisir et son divertissement ; un sport dépourvu a priori d'élément de compétition et plutôt individuel que d'équipe. Il ne requiert ni équipement, ni technologie lourds. Il implique enfin, à l'enseigne du plaisir recherché, toutes sortes de gratifications sensuelles et émotionnelles (...). L'une des caractéristiques des nouveaux sports est qu'à partir de disciplines classiques, ils engendrent inlassablement des variations plus ou moins inventives* » (Maurice, 1987, p. 58).

Mais les pratiques ne sont pas tout et c'est bien au vu de la déformation grande ou petite que les nouveaux sports ont fait subir aux disciplines classiques que l'on peut caractériser l'esprit néo-sportif. Une sociologie des nouveaux sports devra ainsi se garder de ne faire que l'étude du nouveau geste sportif et analyser sans relâche l'évolution de cet esprit déformant, innovant, subversif. Et si « *la pratique des nouveaux sports relève plutôt de l'exploit que de l'épreuve, et de la performance que de la compétition* » (Maurice, 1987, p. 60), c'est la défaite de l'esprit de compétition et son remplacement par l'esprit de performance qui doit nous importer avant tout. Plus encore que des pratiques, ce sont les valeurs des nouveaux sportifs qui sont novatrices et qui, en se séparant du champ sportif traditionnel, vont peu à peu mettre en cause les assises du champ social conventionnel. Celui-ci a permis, au tournant du siècle, la construction de ce champ sportif en tant que champ idéologique (bravoure, courage, virilité, dépassement de soi, etc.). C'est pourquoi la première à être touchée par cette irruption du neuf, ce décalage qui très vite s'avérera être, pour les fédérations, une véritable insurrection, est l'éducation en tant que principe moral s'exprimant dans les usages corporels. Et comme les principes moraux sont des élaborations sociales, les nouveaux sports qui marquent une affirmation du rapport individualisé au corps et au plaisir sont en général des sports individuels. On ne défend pas de village ni de clocher particulier, même si on fait partie d'un « clan ». Pratiquer le jeu de la tribu suffit à en être le défendeur. Pour le reste, pas d'affrontement pour des couleurs, ni comme acteur, ni comme spectateur. Pas de nations, pas de quartiers !... Cela dit, demeure posée la question irrésolue depuis trente ans du statut « sportif » de ces sports : il y a exercice physique, jeu et compétition - avec les éléments, il est vrai, et non plus avec des adversaires dont on partage plutôt le combat. Il devrait donc quand même y avoir « sport ». C'est donc ailleurs que se joue la différence et la rupture. Dans cet esprit nouveau qui se traduit, notamment, par le refus de la règle et de l'arbitre : *no ref, no rules.* « *L'arbitre n'existe pas. Il est symboliquement et ostensiblement évacué au profit d'une autolimitation des participants, afin de souligner le caractère «doux» prédominant. Les sensations demeurent de cette façon l'enjeu central* » (Maurice, 1987, p. 62). Ou comme le dit une publicité pour des sk8-shoes : « *I'm the athlete, I'm the competition, I'm the distinguished panel of judges* »

Une sociologie des nouveaux sports quelque peu attentive aura tôt fait d'identifier un autre élément fondamental et constitutif de la nouvelle morale : « *les nouveaux sports jouent des forces physiques, qui commandent la chute et la fuite tangentielle des corps : la pesanteur et la force centrifuge* » (Maurice, 1987, p. 62). Voilà bien le cœur du sujet : les prouesses physiques ne sont rien en tant que telles, même vécues avec satisfaction. Elles ne sont source d'émotions et de sensations profondes que parce qu'elles visent à créer, au milieu d'éléments naturels ou construits, une relation nouvelle aux lois de la pesanteur et de la gravité. Le refus absolu du néo-sportif et celui qui fonde donc le « nouvel ordre sportif », c'est celui-là : le refus de l'insupportable lourdeur de l'être. Tous les nouveaux sportifs sont, d'une manière ou d'une autre, des hors-la-loi de la pesanteur. Pour cela, il leur faut accélérer, prendre de la vitesse, vaincre la force centrifuge, s'envoler... Cela n'est possible qu'en jouant de façon inédite avec les éléments à disposition, vague, pente enneigée, rampe... « *Le nouveau sportif est à la recherche des éléments (...) et il expérimente sur eux de nouveaux modes de contact, d'appui, de mouvement. Il est à la recherche des forces élémentaires pour les interpréter, non pas selon les canons éprouvés des sports existants, mais dans une lecture renouvelée de la pesanteur, de la force centrifuge, par des effets de translation, de transformation, voire d'inversion des vecteurs* » (Maurice, 1987, p. 63).

Pour Pierre Sansot (1988, p. 20), on peut caractériser les nouvelles pratiques sportives par l'émergence d'une nouvelle mentalité que le sociologue du rugby résume en « *deux mots communément admis : individualisme et souci de liberté* », l'individualisme étant défini comme « *la volonté et la capacité de décider par soi-même, sans se référer à une quelconque tradition, une certaine jouissance à s'écouter vivre et, parfois, au nom de ce même individualisme, le plaisir de partager, de rompre le pain ensemble, de lutter pour ce que l'on croit être une forme du respect de l'homme* » ; et la liberté comme impliquant « *disponibilité, autonomie, refus des contraintes injustifiées mais, dans le meilleur des cas, acceptation de celles que la vie en société impose* » (Sansot, 1988, p. 21).

On peut penser, si l'on se souvient à quel point le monde des sports traditionnels est conformiste et sanctionne les « libertaires », que ce refus de contraintes pourtant inhérentes à l'idée même de discipline sportive marque un changement qualitatif de grande importance. Alain Loret, théoricien désormais prépondérant des nouveaux sports, n'y va pas par quatre chemins au moment de décrire les mutations actuelles du champ sportif occidental : « *Force est d'admettre, en effet, que c'est une véritable « révolution culturelle » qui préside aujourd'hui à l'évolution du sport* » (Loret, 1996, p. 10). Au moment où le sport (c'est-à-dire les quelque quinze sports d'équipe et individuels reconnus par l'olympisme et les grandes fédérations) parvenait enfin à l'âge adulte, que le jeu et le plaisir quelque peu infantiles des origines étaient transformés en une activité honorable avec un impact économique et culturel immense sur la dynamique des sociétés modernes, voilà qu'un nombre grandissant de sportifs s'employait à le renvoyer au jeu et au *fun* - qui est la forme californienne du plaisir. Une faction de sportifs cherchait à renouer avec un fondement oublié de l'activité sportive : l'improvisation ludique (Pégard, 1998). L'ordre sportif – « *cette forme de relation organisée, réglementée, arbitrée qui régit les comportements sur les terrains de sport* » (Loret, 1996, p. 10) - et les *disciplines* qui le sous-tendaient sont très visiblement remises en cause par nombre de nouvelles pratiques corporelles qui ne se présentent pas toutes comme de nouveaux sports.

Certains de ces pionniers du nouvel esprit sportif ont agi, pour leur malheur généralement, à l'intérieur du système et de cet ordre sportif qui est, on le sait depuis longtemps, un ordre international et dominant. De Shoeless Joe dans le base-ball américain des années 10 au Maradona des années 85-95, l'histoire du siècle est parcourue par ces figures de rebelles qui, pour avoir contesté les lois d'airain du sport, son idéologie, sa morale, son économie féodale, ses hiérarchies antidémocratiques ou sa soumission aux télévisions, se sont retrouvés écartées des stades, des pistes ou des rings. Ou alors, comme Mohammed Ali, Tyson, Cantona, Charles Barcley, Shaquille O'Neal et d'autres, ils sont devenus les amuseurs du système dont on attend qu'ils mettent un peu de pigment, d'irrévérence dans le sport. Et le système les paie très cher pour ça : « *La société, prisonnière de sa normalité se venge des « exclus de la horde » en les utilisant doublement par la parole et par le corps* » (Duvignaud, 1973, p. 153), les transformant en artistes de cirque ou en dandys. C'est encore aujourd'hui le cas des derniers rebelles du surf (Augustin et Malaurie, 1997), obligés d'osciller entre le monde de la pub pour les crèmes solaires et les cliniques de désintoxication... Mais la grande nouveauté, avec l'apparition dans les années 60 des sports *fun*, c'est qu'un nouvel ordre s'érige en face, ou à côté, de l'ancien et pas seulement quelques outsiders plus ou moins fameux. Voilà qui autorise les observateurs à parler de révolution. Et le fait qu'elle soit culturelle et non sportive ne rassurera pas les gardiens du stade : ils n'ont pas appris à résister à la culture !

Cette révolution de la culture sportive s'exprime dans plusieurs domaines qu'a bien décrits Loret dans son ouvrage sur la *génération glisse* (1995). Contentons-nous ici d'en indiquer les grandes lignes mais en nous rappelant, ce que Loret ne fait pas, que cette révolution a déjà eu lieu il y a une dizaine d'années, et que, si les effets de celle-ci comme d'ailleurs les restes de l'ancienne culture sportive continuent à exister simultanément, une nouvelle étape a désormais été franchie par les nouveaux sports de glisse grâce au roller in-line et au skateboard notamment. Il s'agit de la phase de *culturation* sportive contemporaine que nous aimerions nommer : l'*urbanisation* des nouveaux sports. Les néo-sportifs sont en majorité des urbains et leurs pratiques sont, dès lors, des pratiques urbaines. Même sur l'eau, même dans les airs, même sur la neige, les sports de glisse se sont urbanisés parce qu'ils sont partie prenante et essentielle de nos cultures urbaines.

Par ailleurs, on ne peut pas faire semblant de n'avoir pas entendu ce que de nombreux glisseurs *fun* et non *fun* répètent inlassablement : « Nous ne sommes pas des sportifs ! » (mais l'étiquette leur colle à la peau). Est-ce simplement parce que les nouveaux sports sont des sports de classes postmodernes « transsociales » et qu'ils échappent ainsi à l'une des caractéristiques essentielles du sport : être une expression de classe ? Est-ce cependant suffisant pour échapper au sport ?... Et alors est-ce bien différent de n'être que des « jeux sportifs » sous prétexte qu'ils ne s'inscrivent pas dans des instances officielles ?

Mais revenons un peu en arrière. À partir de 1960 environ, les sports *fun* vont modifier nombre d'aspects de l'ordre sportif moderne que l'on peut - en se référant à Alain Loret (1996) - résumer à six faits marquants. Nous nous référons à :

- *une communication industrielle alternative* : du message sportif conventionnel incarné par l'olympisme international et, en Suisse, par une institution comme "Jeunesse et Sport" (devenue J+S, sous la pression des jeunes branchés ?...) et que l'on résumera par la formule célèbre de l'esprit sain dans un corps sain, on est passé depuis quelque temps chez les stratèges commerciaux à l'exhortation à casser les règles sportives mais aussi éducatives : *Break the rules !...*

- *la déclinaison psychédélique par les couleurs* : si, dans les années 60-70, "*les textiles sportifs se déclinaient selon un code de couleurs particulièrement simple*" rappelant les couleurs nationales - rouge, bleu, blanc... - et la culture étatique du sport, les couleurs nouvelles sont apparues dans les années 80, couleurs fluos, psychédéliques - vert pomme, violet, rose... Aujourd'hui, dans les sports *fun* les plus urbanisés tels que le skate, le snowboard, le VTT, c'est plutôt les couleurs de la ville, gris, beige, noir, dusty pink... qui caractérisent l'équipement des sportifs alternatifs.

- *un graphisme d'avant-garde* : logos des marques, maquettes « rock » des magazines spécialisés des rollers, snowboarders, BMXers..., les uns et les autres très influencés par la génération de peintres adeptes de la "figuration libre" des années 60 (freestylers ?), des graffitis et autres tags. Ces figures libres de l'expression picturale - Haring, Combas, Basquiat - sont souvent pompées par les fabricants de vêtements et d'équipements sportifs *fun* au moment de personnaliser le style visuel de la maison (Gotcha, Airwalk, Naf Naf, ...).

Cette évolution du style est marquée par quatre grandes périodes, à la fois sportives et culturelles : « *le sportwear des années 70, le surfwear (1980-1985), le funwear (1985-1990) et streetwear au début des années 90. (...). À partir de la période surfwear et contrairement à la période traditionnelle précédente (le sportwear représenté par des marques comme Adidas, Puma, Le Coq Sportif), toutes les enseignes, sans exception, qui se positionnent au niveau mondial sur ce marché, exploitèrent des symboles particulièrement marqués au coin de la contestation sociale et de l'underground* » (Loret, 1997, pp. 14-15). Aujourd'hui, on le sait, les marques à la mode dans le milieu néo-sportif ne contestent plus beaucoup l'ordre économique dominant : HH, Caterpillar, Timberland, Tacchini... ne sont pas précisément des produits underground. Comme le Che devenu popstar, la subversion beatnik hante le monde néo-sportif un peu par hasard et beaucoup en raison de la roublardise des fabricants ayant révélé à celui-là ses liens plutôt inconscients avec les figures littéraires de la contre-culture américaine des années 50-60. Le point commun : on est *sur la route* et l'on cherche le *satori* (Kerouac, 1960 ; 1971)[4]. La révolution est mondiale : des sports figés, réglés comme des horloges, certains « prophètes » ne veulent plus ; il leur faut des sports flous, inventés, ratés parfois mais jamais arrêtés...

- *un langage iconoclaste* : les sportifs se sont longtemps caractérisés - et se caractérisent encore pour une large part - par une timidité et une politesse dans l'expression. Aujourd'hui, c'est tout un langage de la rue, de la rue américaine, plus précisément, qui est employé par les *riders*, surfers et bikers... Le vocabulaire de la presse spécialisée s'est

---

4 En Europe, ce serait plutôt les Situationnistes que les Beatniks, d'où notre usage large et « anachronique » de Vaneigem (1967).

enrichi lui aussi de nombre d'expressions et de mots directement venus de ce même underground américain. Dans la culture française, c'est la langue des banlieues (telle qu'elle est transposée au cinéma et dans le rap plus que telle qu'elle est parlée réellement, bien que la langue « réelle » tende à imiter la langue de la télévision qui prétend l'imiter !...) qui colore l'expression verbale des sportifs alternatifs et finit par produire un idiome particulier, un parler contre-culturel mais aussi métissé par l'utilisation non réglementée de mots et expressions venues d'autres pays, tels l'Italie, l'Espagne, le Maroc... Ce nouveau langage sportif est utilisé presque comme il est parlé dans les nouveaux magazines des rollers, surfers, skaters, qui abondent dans les kiosques[5] et que Alain Loret oppose à la presse sportive née avant la révolution culturelle et dont le quotidien *L'Équipe* reste l'archétype. Mais cela n'est pas surprenant : il est la réplique juvénile, face au langage adulte du sport fédératif - l'idiome du beau-frère, du blaireau... Mais il n'est pas que verbe et comprend une gamme ample d'expressions, comme la décoration des planches de surf, le look des snowboarders, les flyers annonçant les concerts, etc.

- *la musique du sport alternatif* : dans les années 30, les seuls liens du monde sportif avec celui de la musique a été le fait des marches militaires. On n'a d'ailleurs pas le souvenir qu'ils aient été destinés à s'entendre, à part Marcel Cerdan et Édith Piaf mais l'on sait que l'histoire s'est mal terminée (car les boxeurs dansent mais ne savent pas voler). Depuis les années 60 et l'alliance « naturelle » entre surfers et beach

---

5 Ces magazines se sont multipliés ces dernières années (sauf pour le roller, étrangement !). Rien qu'en ce qui concerne la glisse urbaine, on trouve aujourd'hui dans n'importe quel kiosque à journaux, en français : Crazy Roller, Sugar, Freestyle, Tricks, Ride On, Cream, BMX Experience, Soul... ; en anglais : Box, Daily Bread, Unity, Blurt, Trashe, Snap...

boys californiens, les néo-sportifs aiment accompagner leurs exhibitions d'une bande-son de qualité, sachant que les groupes de rock alternatif, de rap, de techno, voire de *raggamuffin* et les glisseurs de toutes natures sont souvent sur la même longueur d'onde... Plutôt West Coast - surf, sea, sex and sun - au début de la vague, ce sont aujourd'hui plutôt des musiques *trashs* qui rythment les ébats. Il n'en reste pas moins que cette connivence culturelle entre deux réalités que tout a longtemps séparé (allez parler de sport à un rocker !) a de quoi étonner le profane. Mais si l'on se souvient du fait que ceux que nous qualifions de néo-sportifs - que l'on pense aux sportifs *funs* de la première génération californienne, blonde et bronzée, ou à la nouvelle génération pro-urbaine et *no fun* dont le territoire de prédilection est plutôt *downtown* - ne se revendiquent pas comme sportifs et considèrent leur activité comme répondant à un besoin physiologique et psychique fondamental, on comprendra mieux que cette activité (sportive ?) s'accommode parfaitement d'un environnement sonore aussi présent et signifiant que celui produit par la musique électrique amplifiée[6]. Les skaters - même lors des compétitions - ne se comportent pas comme des tennismen à Roland Garros et ont vraiment besoin du bruit et de la sono...

- *une nouvelle génération sportive* : le sport, dont la légitimité lui venait de son utilité publique et du fait que des personnes formées par leur pratique de ce sport en administraient les structures et en organisaient la relève par de nouveaux adhérents, s'est transformé radicalement sous le poids des changements exposés ci-dessus. « *Le sport d'utilité sociale d'hier serait ainsi réactualisé et s'inscrirait*

---

6 Les connexions de ces deux mondes ont été mises à jour par des chercheurs tels que Calogirou (1996) et Touché (1996). Par ailleurs, que serait un skatepark sans « culture sonore » ?!...

aujourd'hui dans une logique contre culturelle et dans un dispositif contestataire » (Loret, 1996, p. 17). Cela ne veut pas dire que l'ancienne logique ne continue pas d'être encore prédominante. Mais sa légitimité s'essouffle dans les milieux les plus jeunes et il y a fort à parier que d'ici une vingtaine d'années les tendances se seront inversées : « *Il est incontestable que les signes qui illustrent l'avènement d'une mouvance alternative se multiplient*" (Loret, 1996, p. 17). Pour le moment, la cohabitation plus ou moins pacifique entre l'ancienne et la nouvelle génération sportive définit une « *nouvelle périodicité sportive* » et de « *nouveaux rapports au corps. (...) Après le règne des « gagneurs », le sport se centrerait sur des thèmes plus « impressionnistes », plus cool, sur une logique de la performance « floue », aléatoire, toute en nuance et au sein de laquelle la recherche de sensations ou d'impressions plus ou moins vertigineuses primerait celle de la victoire, de la mesure, de la hiérarchie et de la règle* » (p. 17). La nouvelle génération sportive a un style bien à elle. Mais elle n'a pas qu'une seule manière de l'exprimer. Ce style est décliné en de nombreuses variantes plus ou moins cools, plus ou moins extrêmes, plus ou moins appareillées, plus ou moins médiatisées. La presse *fun* rend ainsi compte d'un versant ensoleillé du phénomène des nouveaux sports mais pas de sa face cachée, celle où glissent, sans *fun* et sans fluo, les anges noirs et roux des trashers à roulettes. Cette presse met néanmoins l'accent iconographique sur ce qui, selon nous, fait le lien entre tous les nouveaux sports, leur volonté d'apesanteur. « *Le monde du sport alternatif valorise le délire face à la raison. La légitimité devient celle du vertige. La stabilité relève des déséquilibres recherchés. L'émotion naît de la précarité du geste. C'est moins la solidité des appuis que la fugacité des impressions qui est sollicitée* » (p. 18).

Pas de « choix tactique » chez les *riders* mais une poétique de l'espace et une application passionnée à s'en extraire... Évidemment, cette transgression maîtrisée de ses propres règles marque un basculement important des normes de comportement sportif et social, et peut faire peur aux pouvoirs publics responsables du champ social comme à ceux qui sont en charge du champ sportif.

Et au croisement du social et du sportif, depuis l'invention des sports modernes, il y a la figure du « père », le commentateur, l'entraîneur, le vétéran... Comme un mouvement DADA du jeu sportif, les nouveaux sports règlent, sans en avoir l'air, leurs comptes à tous les pères fondateurs des mouvements modernes, olympiques, fédératifs, et - du même coup - aux avant-gardes artistiques du siècle qui, en se plaçant dans le monde élitaire des lettres, n'ont jamais réussi à mettre la barre de la révolte plus haut que la littérature, la taille d'un nain quand on voit à quoi pourrait mener un aboutissement *global* de la révolution sportive. Le plus beau est qu'il s'agit là d'une dynamique inédite. La prémonition des Situationnistes proclamant l'urgence de sortir l'avant-garde artistique des Arts pour la mettre dans les cafés et dans la ville concernait encore une avant-garde artistique venue « d'en haut ». Le sport lui est pratiqué « d'en bas » et surtout, peut y exceller celui qui ne vient pas d'en haut. C'est unique et les perspectives sont étonnantes : Pelé, ministre issu de la favela. S'il n'y avait pas eu le football, serait-il même scolarisé ?... Le passage de témoin a eu lieu : la révolution culturelle a quitté les mains des artistes pour celles des sportifs (et pour leurs pieds !), pas des sportifs conservateurs mais des sportifs « nouveaux », les glisseurs, les poètes.

La nouvelle motricité revendiquée comme façon de penser la ville et le monde est une contre-culture active. *Motion* / émotion. Des individus se mettent à créer de l'espace et du mouvement avec leur propre corps et ne laissent plus les fameux vingt-deux milliardaires de la télévision bouger à leur place, bouger de manière à ce que les spectateurs ne bougent pas et se tiennent bien tranquilles. Et là, c'est bien le débordement hors du champ sportif qui doit être analysé : « *Bien que marginal pour ce qui concerne sa pratique réelle, le "sport alternatif" est pourtant un producteur nettement impérialiste de sens et de valeurs* » (Loret, 1997, p. 7), valeurs morales, esthétiques, monétaires... Les sportifs alternatifs refusent la *chiffration* du monde. Il n'y a pas de compétitions d'émotions et c'est le grand problème des juges de *contests* au moment d'attribuer une note aux *performers* : les juges doivent juger leur propre émotion - ce qu'ils font d'ailleurs assez naturellement – mais encore la traduire en notes et classements !...

Mais le bouleversement des valeurs ne veut pas dire leur abolition et notre tâche de sociologue est de comprendre de quelle manière sont élaborées les nouvelles valeurs, les nouvelles hiérarchies, les nouvelles élites. Car si, apparemment, « *chacun devient un champion face à un niveau d'aspiration qu'il est le seul à définir* » (Loret, 1997, p. 9) et si l'adversaire est généralement devenu le milieu naturel ou construit sur lequel on pratique, les choses changent vite et la *old school* n'est pas baptisée ainsi pour rien... Face à soi-même, mais aussi face à la « tribu » et aux sponsors, la compétition retrouve aujourd'hui de l'importance. Les épreuves de street ou de descente des plus grands contests (à l'exception du plus grand : Lausanne !) ressemblent de plus en plus à n'importe quel championnat de foot ou course cycliste – les affaires de dopage et de corruption en moins ! Reste que l'exploration de ses propres limites et des limites « extrêmes » de l'homme - et même comme le dit un slogan commercial, *au-delà de l'extrême* - continue à être la motivation première des *riders*.

Médiatisation de l'émotion

L'évolution et même le destin des nouveaux sports de glisse et de *fun* sont extrêmement dépendants des liens que les néo-sportifs entretiendront dans le futur avec la télévision et les marques, deux mondes totalitaires qui sont en passe de soumettre le sport alternatif à leur logique du spectacle et de l'argent. Dans ce contexte, les nouveaux sports de rue paraissent adopter aujourd'hui une trajectoire particulière. Leur réponse au vieux dilemme de Gauguin - qui disait : « *j'aime mieux être un misérable qu'un plagiaire* » (1974, p. 139) - est originale. Les patineurs urbains veulent recréer un ordre qui leur correspond, dans le sport et dans la vie. La qualité de cet ordre - moins nouveau, en définitif, que libre - est jugée en fonction de sa capacité à favoriser une expression individuelle et personnelle. Contrairement au football, au rugby ou au basket, où la qualité de l'ordre sportif dépend de la possibilité d'y faire entrer un joueur aux qualités exceptionnelles mais en le soumettant au projet collectif (celui de l'équipe, du club ou de la fédération), les nouveaux sports jugent l'environnement sportif en fonction de sa possible adaptation aux souhaits du joueur. On ne joue pas le jeu que « le monde » veut que l'on joue mais on évolue dans le monde qui nous permet de jouer, au plus près de nos règles intimes, le jeu que nous voulons jouer. Par suite, ce n'est plus tant le jugement que ce monde et ses représentants (les passants, les amis, les « adversaires », les sponsors, les médias...) portent sur ses propres aptitudes qui importe le plus au nouveau sportif que l'amélioration qualitative de ces aptitudes[7]. Le monde extérieur reste important mais plutôt comme miroir que comme juge ou modèle : « *On aspire plus à la production d'un mouvement au caractère hasardeux dont l'expression sera simplement goûtée, qu'à la mesure précise*

7 Exemplaire de cette attitude, la pub déjà mentionnée pour les shoes…

d'un geste longuement élaboré et qui ne s'appréciera pleinement qu'une fois mis en chiffres. La mesure précise de la prestation ne prime plus toujours l'appréciation incertaine de la sensation. Le rejet de toute référence extérieure à l'individu devient donc compréhensible. La revendication d'autonomie abandonne les tablettes des records au bénéfice d'un référentiel simplement personnel. La préférence allant nettement aux improvisations et non aux techniques répertoriées, la mesure de l'action devient floue, nuancée, sujette à caution. L'audace l'emportant sur l'aptitude, les repères basculent » (Loret, 1996, p. 18).

Basculent-ils tant que ça ? L'appréciation, pour intime qu'elle soit, de la sensation est cependant moins incertaine qu'on peut le croire. En effet, s'il y a une chose dont le skater est sûr (ou le surfer, le snowboarder, etc.), c'est bien de ses sensations, au point même que, pour beaucoup de néo-sportifs, *fun* et no *fun*, ce sont elles qui deviennent le référent principal. La précision des chronomètres est remplacée par celle des sens qui, bien que moins technologique, n'en est pas moins terriblement précise et loin d'être floue ou sujette à caution.

Évidemment, cette qualité dissidente du glisseur face à la dictée des chronos n'est maintenue dans l'absolu que par une frange restreinte de la population néo-sportive. En effet, deux facteurs rendent cette dissidence relative, voire impossible à long terme (c'est-à-dire après déjà quelques mois de carrière pour les meilleurs).

Le premier est le facteur sponsors. Les marques et leurs représentants sont omniprésents sur la scène de la glisse ; il est dès lors très difficile aux *riders* d'échapper aux demandes explicitement ou implicitement formulées, dès lors qu'ils sont sponsorisés, ce terme pouvant signifier l'obtention d'un vrai salaire d'employé de l'entreprise mais équivalant, le plus souvent, à la mise à disposition de matériel, voire même, pour les sponsorisés débutants, une simple réduction sur l'achat de ce matériel et, même, le « droit » de porter un t-shirt au nom de la boîte !... Le deuxième facteur qui réduit la pureté de la dissidence même la mieux intentionnée, c'est évidemment la technique elle-même. On a beau évaluer intimement ses aptitudes à l'aune de ses sensations, cette attitude est soumise à la qualité du matériel. On l'a dit, les nouveaux sports sont tous bellement appareillés. Cet environnement technique souvent coûteux est indispensable à la pratique du sport et implique un positionnement face à *L'Industrie*. Contrairement aux gamins des favelas ou des banlieues de la mythologie sportive (« *génies du sport faisant leurs classes sur les terrains vagues* » comme le chantaient les rappeurs du groupe IAM en 1997), aucun de ces nouveaux sports ne se fait sans équipement et même ceux qui peuvent pratiquer le leur les pieds nus ont besoin d'une bonne planche pour les poser (ou dans le cas du barefoot, d'un puissant hors-bord pour être tracté !...). Les nouveaux sports portent ainsi en eux ce que l'on pourrait nommer, avec Nancy Midol (1992), les « paradoxes de la dissidence » qui sont d'être ET, de ne pas être, en même temps, des dissidents de l'ordre sportif et de l'ordre social, en fonction de l'aspect privilégié par l'observation sociologique.

Ce caractère de dissidence relative, on le retrouve dans les compétitions et championnats organisés par les néo-sportifs ou, en tout cas, pour eux. Même si le style de ces réunions tient plus du festival rock ou de la fête de la bière que de championnats de gymnastique, elles n'en sont pas moins des rencontres sportives et commerciales. On peut croire au Père Noël, mais il est plus sûr de croire en Saint Nike-olas... Ainsi, malgré le discours intégriste qui préconise l'auto-évaluation sensuelle des progrès techniques (malgré la présence des juges), les compétitions officielles et alternatives ont perdu l'ironie des débuts quand les *riders* ont commencé à être sous contrat avec des marques « millionnaires »[8]. Le renversement de perspective se fait ainsi également au détriment de la fameuse éthique sportive, qui est abandonnée pour que soit mieux dénoncée sa fausseté : qui, dans le monde du football professionnel, croit encore aujourd'hui à l'impartialité des arbitres, hommes en noirs défrayés au milieu d'une vingtaine de milliardaires en shorts au service de clubs et de présidents plus riches encore? Les néo-sportifs n'ont pas ce genre d'illusions : « *Le règlement peut changer à tout moment et n'est connu que des seuls membres du jury* » dit l'organisation d'une compétition de snowboard (Midol, 1992, p. 57) !... Mais cet humour est un peu cynique dans le cas des contests de rollers et skaters, même les plus *underground* - on comprendra authentiques - puisqu'ils donnent lieu quand même à des classements et opèrent, avec plus ou moins de distanciation, un retour à la hiérarchie, à l'ancestrale division sportive et humaine entre bons et nuls ou, au moins, entre héros et ringards... Sans oublier les prize money en dollars !

Peut-être est-il encore vrai pour quelques puristes que « *les normes d'hier entrent en délitescence et cèdent face à une innovation totale : la production du geste mesuré est supplantée par l'expression d'un mouvement simplement vécu* » (Loret, 1996, p. 19). Mais il semble plutôt, au vu de l'évolution récente du nouveau champ sportif, que l'on va vers une période de cohabitation pacifique entre normes d'hier et innovations. Les premières permettent aux secondes de s'inscrire sans trop de mal dans la culture locale du sport, les innovations assurant aux normes de ne pas être trop vétustes,

---

8 Voir à ce sujet : "*X-files : Judging report*", article sur les juges de contest, in : Crazy Roller n° 12, Paris, octobre 1997.

des normes dont les défendeurs les plus orthodoxes prennent certainement quelque plaisir aussi à être ainsi (un peu) bousculés dans leurs habitudes... Les « totems contre-culturels » dont parle Loret étaient issus de l'alliance historique entre beatniks et *beach boys* : planche peinte, défonce et feux de camp sur la plage. Aujourd'hui, à l'heure des métropoles et du gangsta rap, ce sont plutôt les totems artistico-commerciaux issus des multinationales de la chaussure et du disque qui décorent l'univers poético-ludique des néo-sportifs. Est-ce la faute à la ville qui a éloigné les sportifs de leurs terrains d'exercice habituels, les champs, les montagnes, les plages ?... Sa croissance, démographique et territoriale, entraîne dans son sillage le sport contemporain et ses adeptes et les recouvre des pans divers de sa culture.

Des nouveaux sports et des villes

La ville contemporaine est marquée fortement par la présence hégémonique des véhicules à moteur. Mais les choses changent et les néo-sportifs, s'ils ne sont pas seuls responsables des nouveaux rapports en train de se construire entre l'homme et son milieu, n'y prennent pas moins une large part. En ayant repensé globalement mais intimement, grâce à leurs relations individuelles moins conflictuelles avec les éléments, les lieux de leurs pratiques sportives, ils sont capables d'adopter un point de vue critique sur les liens que nous entretenons avec nos lieux d'habitation, de travail, etc. Ainsi ont-ils compris il y a longtemps qu'» *automobiles et motos tout comme, à d'autres égards, les stades, cathédrales du sport, appartiennent à une époque antérieure. Ils sont liés à l'âge de l'industrie triomphante (...). De même, le stade, fait pour rassembler des milliers d'individus indifférenciés dans le spectacle et la consommation du sport, est-il également très éloigné du côté léger et intimiste du sport* » (Maurice,

1987, p. 64). Mais surtout, les néo-sportifs ont, sur la ville, milieu de vie de la majorité d'entre eux, un point de vue réaliste, sans panique ni fascination, qui ne pouvait être le fait de sportifs aux espaces de jeu balisés, terrains de foot, salles de gym, piscines olympiques, vélodromes, hippodromes, rings, tatamis... Quelle perspective sur la ville a-t-on depuis un tatami ? Une perspective nulle. Et depuis un skateboard ? Une vue totale ! La perspective est également nulle depuis une planche de surf, de même depuis un snowboard. Mais ces sports, en participant, dans leur élément, à la construction d'un rapport novateur aux éléments, ont permis que la transposition à l'élément-ville une fois opérée, une nouvelle relation entre espaces construits et usagers soit préparée. L'activité sportive est une pensée du milieu où elle est pratiquée. Un footballeur ne « pense » que l'état de la pelouse quand il joue dans un stade. Il ne pense pas les alentours, les quartiers populaires où est implanté ce stade, les chômeurs qui l'entourent, etc. même s'il connaît tout cela et en est sincèrement affecté en d'autres occasions. La preuve en est donnée par le drame du Heysel en 1986 : des dizaines de morts écrasés dans les gradins et la partie a lieu quand même parce qu'il n'y a pas de lien direct entre le geste du footballeur et l'endroit où il a lieu. Au contraire, un roller, en pratiquant le hors-piste, est constamment obligé de penser la ville, ses quartiers et ses habitants et de le faire sur un mode critique et actif. Même ceux qui patinent à l'abri dans un skatepark font cet exercice, car – c'est évident – les skateparks n'ont jamais été pensés a priori comme des équipements sportifs : ils ne sont que des espaces en liberté conditionnelle, des lieux rusant au jour le jour avec la planification municipale. Ou alors, implantés par les services municipaux eux-mêmes, ils ne sont que des piscines sans eau dont l'inanité est sanctionnée par une fréquentation proche du zéro absolu !

Avec la croissance urbaine des années 1950-1960, le

nombre des jeunes dans la ville s'est fortement accru. Mais si les jeunes acquièrent une nouvelle visibilité, ce n'est pas seulement parce qu'ils sont plus nombreux, c'est aussi parce que leur statut s'est transformé, en même temps que les représentations sociales de la jeunesse ont évolué. S'est greffée sur ce phénomène démographique la création de multiples instances de socialisation : établissements scolaires, centres de loisirs, clubs et équipements sportifs, associations et maisons des jeunes qui tissent et trament un véritable maillage dans l'espace des villes et participent à leur fonction culturelle, leur expression et leur représentation. Mieux encore, on pourrait avancer que les jeunes sont à l'origine de la constitution d'une fonction urbaine particulière rattachée à des « fonctions de responsabilité » (Beaujeu-Garnier, 1980). Et, comme la ville a un rôle essentiel dans leur socialisation par l'intermédiaire des services urbains ou d'organisations privées qui exercent leurs activités à ces fins, de telles responsabilités ont à voir avec la gestion et la gouvernance urbaines (Jaccoud, 1998).

Du côté du développement des pratiques sportives, tous les indicateurs (recensements, études de marché, enquêtes nationales et internationales) confirment que les activités physiques sont en constant développement dans la société urbaine. Les médias (presse, télévision, publicité...) se font d'ailleurs l'écho incessant de la place qu'elles tiennent dans la vie quotidienne. Des espaces et des équipements spécifiques de plus en plus nombreux leur sont réservés et marquent le paysage urbain. Ces pratiques prennent d'ailleurs des formes variées, allant des activités de sport-loisir à la compétition traditionnelle pratiquée dans les clubs spécialisés. Dans chaque cas et configuration, la place des jeunes parmi les pratiquants est prépondérante et l'on estime généralement que les moins de 25 ans représentent plus de 70% des licenciés des grandes fédérations. Ils sont les principaux utilisateurs des équipements sportifs qui peuvent, dans leur immense majorité, être considérés, à côté des équipements scolaires et socioculturels, comme des équipements pour les jeunes. Mais au-delà de l'espace sportivement équipé et limité aux terrains de jeu officiels, les pratiques doivent pour l'essentiel être comprises comme des pratiques territoriales dont l'analyse ne peut être faite que globalement, en les situant par rapport au système urbain, à la région, à des pays (Basson, 1996)... Certains sports entretiennent une relation particulièrement forte avec l'entité nationale : le *beisbol* à Cuba et le base-ball aux États-Unis ; le football au Brésil, la lutte libre au Mexique ou au Sénégal ; d'autres avec une région : le rugby dans le sud de la France, le ski dans le Tyrol... ; d'autres enfin avec une ville (le football encore pour Liverpool, Marseille, Naples...). Et puis, il y a les sports qui entretiennent une relation étroite avec *la* ville, le milieu urbain. C'est le cas des sports de rue. Il faut cependant préciser que tous les sports de rue n'ont pas le même rapport à l'espace construit : dans un sport de rue comme le *streetball*, l'espace - le *playground* - détermine la pratique sportive, l'inscrivant dans un champ réduit qui fonde le jeu. Une partie sur un terrain « infini » (ou indéfini) n'aurait aucun sens ; au contraire, dans les sports de rue comme le roller ou le skateboard, ce sont ces pratiques sportives - la manière d'arpenter le territoire urbain - qui « déterminent » l'espace (*run*, *spot*) qui, en fait, peut ne pas être limité autrement que par l'épuisement des forces du patineur ou les difficultés techniques du terrain.

Créativité, spontanéité et sports *qualitatifs* : une approche « situationniste » de la glisse urbaine

« *Sous le règne du quantitatif, le qualitatif n'a pas d'existence légalement reconnue. C'est précisément ce qui le sauvegarde et l'entretient* (...). *Le qualitatif est un raccourci, un condensé, une communication directe de l'essentiel* » (Vaneigem, 1967, pp. 198/204).

Alain Loret, auteur de la « bible » des nouveaux sports, distingue, en fin d'analyse, les sports qu'il nomme *digitaux* de ceux qu'il a baptisés les sports *analogiques*. Cette distinction pourrait être ramenée, en simplifiant, à deux catégories qui se combattent depuis un siècle ou plus dans les champs d'expression humaine les plus divers : le quantitatif et le qualitatif. Au premier rang des sports « quantitatifs » contemporains, on trouvera l'athlétisme, notamment les épreuves de course et de saut : en quel temps Michael Johnson a-t-il couru les 200 mètres ? Personne ne s'intéresse à la *manière* qu'il a eu de les courir. Les a-t-il *joliment* courus ou, à son habitude, l'a-t-il fait avec l'air d'avoir un portemanteau dans son maillot ?... Le style qui est le signe de la créativité, de l'artiste, dans la performance sportive la plus musclée n'est plus aujourd'hui qu'une préoccupation secondaire des athlètes comme du public. L'élégance reste aux vestiaires. C'est dans le football que cette absence de souci stylistique est la plus flagrante parce que les stylistes, malgré leur mise à mort hebdomadaire ou bi-hebdomadaire, continuent à exister, à vivre et à jouer assez longtemps pour esquisser quelques gestes d'une qualité devenue rare et qui leur vaudront, malgré la fureur des entraîneurs, le respect des amateurs de « beau spectacle », autre espèce en voie de disparition...

Les « qualitatifs » contemporains n'échappent cependant pas au quantitatif et Ronaldo a beau multiplier les traits de génie dans l'espace et le temps qui lui sont impartis, il est d'abord une quantité d'argent, transferts, salaires, primes, contrats publicitaires, etc., mais aussi une moyenne de goals par match. C'est un avant-centre de *quantité* internationale... Ses qualités ne sont tolérées que si elles ne portent pas préjudice aux enjeux quantitatifs. Roberto Baggio, footballeur bouddhiste et créatif, n'a plus la place qu'il mérite en championnat italien pour ces mêmes raisons : son souci du geste technique, du mouvement élégant et de la virtuosité n'a plus cours, est même un handicap. Baggio n'est plus qu'un footballeur de seconde catégorie, celle - divine - des poètes du *calcio*. Parfois même, le vrai créateur passe inaperçu, doit dissimuler son habilité sous un manteau de rigueur physique, de dureté et d'intransigeance, toutes « qualités » qui, elles, seront acceptées et trouveront leur place dans le schéma de jeu de l'entraîneur. C'est le cas, par exemple, du brésilien du Real Madrid Roberto Carlos, dont le travail sérieux réalisé en défense l'autorise, une ou deux fois par match, à montrer son vrai visage de technicien hors paire. Le plaisir, en football, passe désormais après le jeu.

Je crois que les nouveaux sports ne sont rien d'autre que le retour du qualitatif dans un monde - disons le monde sportif, en sachant bien à quel point il reflète le monde entier - où le quantitatif a envahi la moindre parcelle d'activité humaine. Depuis une cinquantaine d'années, « *à mesure que le système capitaliste et ses séquelles (même antagonistes) perdent sur le front de la production, ils s'efforcent de compenser par le biais de la consommation. Selon leurs directives, il faut que l'homme, se libérant de ses fonctions de producteur, s'englue dans une nouvelle fonction, celle de consommateur. Offrant à la créativité, enfin permise par la diminution des heures de travail, le terrain vague des loisirs, les bons apôtres de l'humanisme ne lèvent en fait qu'une armée prête à évoluer sur le champ de manœuvre de l'économie de consommation* » (Vaneigem, 1967, p. 198). Libre désormais de gérer son temps libre comme il le souhaite, l'individu se fait, pour la plus grande satisfaction des autorités, l'organisateur de sa propre passivité, passivité d'autant plus remarquable qu'elle n'est apparemment qu'activité : l'activité sportive. Cette activité - suractivité ? - passive doit pour une bonne part de le rester à la télévision. Sur ce terrain vague des loisirs, à côté du sport-marchandise et du sport-spectacle, denrées dont on trouve des modèles de différentes tailles dans toutes les catégories de jeu, de celle des amateurs les plus maladroits et les plus obstinés à répéter dans la douleur la gamme étendue de leurs maladresses - mais ils ont l'air d'être heureux - aux élites starifiées du football italien ou du basket américain. Tous, leurs gestes pris dans le carcan des modèles télévisuels - à neuf ans, je salue, après un but de quartier marqué devant ma petite sœur et deux copains, comme j'ai vu Ravanelli le faire, le maillot sur la tête - et à tous les niveaux de jeu, ne font que répéter la même partie et les mêmes mouvements que leur corps a appris à faire le soir en regardant la télé.

Les nouveaux sports ont certainement marqué une rupture avec cet état de médiation des pratiques sportives. Mais aujourd'hui, le roller est lui aussi passé à la trappe médiatique. Quand il avait fallu une centaine d'années pour que le football, joué au stade comme dans la rue à ses origines, se transforme en show quotidien à l'échelle mondiale (plus une soirée sans football vu à la télé !), il n'aura fallu qu'une dizaine d'années aux sports de glisse les plus en vue pour parcourir le même chemin et à peine trois ans pour que le roller - le skateboard semble, même en contest, garder son respect total pour la rue - passe des trottoirs de la ville aux rampes et aux feux de la rampe, sous le regard des caméras, des juges et des chronomètres. Le snowboard lui-même s'accommode (plutôt bien) des salles de concert et, malgré certaines péripéties finalement médiatiques, des Jeux Olympiques...

Dans la rue sans piste « rollable », le patineur est le

producteur de son propre show. Les spectateurs n'ont pas payé pour le voir, certains ne se rendent même pas compte qu'ils assistent au dernier vrai spectacle du siècle, aux dernières représentations, à la dernière fête urbaine, dans la ville aux lumières éternellement allumées, aux espaces sans surprises, aux zones piétonnes tellement bien arrangées qu'on les évite pour ne pas déranger (Adamkiewicz, 1998a).

Il est donc d'autant plus remarquable que de véritables rebelles se soient affrontés, en la réinventant, à la routine commerciale qui, dans le champ sportif pacifié, réussit si bien, depuis vingt ans, à transformer l'or du monde en mauvais plomb audiovisuel. En effet, « *dans les laboratoires de la créativité individuelle, une alchimie révolutionnaire transmute en or les métaux les plus vils de la quotidienneté. Il s'agit avant tout de dissoudre la conscience des contraintes, c'est-à-dire le sentiment d'impuissance, dans l'exercice attractif de la créativité ; les fondre dans l'élan de la puissance créatrice, dans l'affirmation sereine de son génie* » (Vaneigem, 1967, p. 200). Les néo-sportifs sont de tels alchimistes, la rue et les half-pipe sont leurs cabinets de sorcier : ils transforment la vie quotidienne et les espaces urbains en transformant le sport et son idéologie. La discipline sportive est caduque, insupportable, elle est donc niée par l'énergie individuelle et spécifique de celui qui pratique l'indiscipline sportive, l'imposition à son monde et à son territoire de ses propres règles et coutumes, renversant, à son profit, les perspectives normatives. « *La mégalomanie, par ailleurs stérile sur le plan du prestige et du spectacle, représente ici une étape importante dans la lutte qui oppose le moi aux forces coalisées du conditionnement. Dans la nuit du nihilisme aujourd'hui triomphant, l'étincelle créatrice, qui est l'étincelle de la vraie vie, brille avec plus d'éclat. Et tandis que le projet d'une meilleure organisation de la survie avorte, il y a, dans la multiplication de ces étincelles se fondant peu à peu dans une lumière unique, la promesse d'une nouvelle organisation fondée cette fois sur l'harmonie des volontés individuelles. Le devenir historique nous a conduits au croisement où la subjectivité radicale rencontre la possibilité de transformer le monde. Ce moment privilégié est le renversement de perspective* » (Vaneigem, 1967, p. 200). Et puisque le spectacle a gagné tous les champs de la vie sociale, c'est dans le monde moins surveillé du loisir et du divertissement - la culture et le sport - que ce renversement de perspective pourra être d'abord tenté : le monde ancien des organisations de la survie sportive - survie des sportifs et survie des organisations sportives - est renversé par les nouvelles organisations dont le principe est le rassemblement aléatoire de volontés individuelles cherchant à coopérer, complices dans ce renversement de perspective qui bouleverse actuellement le sport, ses fédérations, ses associations, et ceux qui en vivent.

La « vraie vie » a abandonné le sport tel qu'il se pratique dans le monde du spectacle ludique. Elle s'est réfugiée dans le monde des nouveaux sports où la part de créativité est encore importante. Il y a eu l'époque originelle des sports collectifs au tournant du XXe siècle, puis dans les années 60, celle des nouveaux sports, sports de glisse, sports extrêmes, sports de rue, nés de la contestation idéologique et technique des premiers. Aujourd'hui, le renversement a abouti à une nouvelle époque de consolidation. Seul le skateboard semble continuer à renverser les valeurs des milieux sportifs même si c'est un peu plus par habitude que par conviction. Peut-être aussi parce que cette pratique de surfer urbain est la seule pour qui la finalité première est la culture – culture *trash*, « punk » ou contre-culture - et non le sport ou, du moins, le jeu sportif. L'esprit du roller, moins radicalement culturel du fait qu'il se prête mieux à une dérive gymnastique de type *fitness*, est plus tenté de « se corrompre » et de retourner aux courses, à l'entraînement et à la compétition. Tous les skateboarders n'échappent pas à une telle dérive - un glissement, faudrait-il dire - mais la plupart de ceux qui y échappent sont plutôt des skateboarders. Leur style, forgé dans les cours des immeubles et les parkings des supermarchés, leurs vêtements, leur musique, leur son (Touché, 1998), les préviennent de tout type de récupération (ou presque).

Il n'y a plus qu'une certaine faction du hip hop qui puisse se prévaloir d'une telle pureté des intentions, une pureté que nous pourrions qualifier de spontanéité, si l'on veut bien laisser de côté la connotation naïve de ce terme et garder celle de Raoul Vaneigem (1967, p. 200) pour qui elle est « *le mode d'être de la créativité individuelle* ». Et « *si la créativité est la chose du monde la mieux partagée, la spontanéité, au contraire, semble relever d'un privilège* » (p. 200). Voilà ce qui indispose les sportifs traditionnels : la pratique de nouveaux sports ne serait peut-être pas accessible à tous. En effet, si toute personne est a priori capable de pratiquer la plupart de ces nouveaux sports, il n'est que peu d'entre nous capables d'*être* un nouveau sportif, c'est-à-dire de faire jaillir sa créativité dans ce champ spécifique et si balisé des pratiques sportives et ludiques. Et si la créativité individuelle est cette capacité de l'homme à refuser de survivre pour rester en vie, la spontanéité en est « *son premier jaillissement, encore immaculé ; ni corrompu à la source, ni menacé de récupération* » (Vaneigem, 1967, p. 200).

La spontanéité sportive est, bien entendu, une affaire enterrée dans le monde des sports traditionnels, puisque « *seuls la détiennent ceux qu'une longue résistance au pouvoir a chargés de la conscience de leur propre valeur d'individu* » (p. 200) et que l'on sait que personne n'est encore parvenu à résister au pouvoir sportif depuis l'intérieur de ce monde. Maradona ou Cantona peuvent en témoigner en ce qui concerne le football. Ces êtres, rares dans la vie, disparaissent ainsi complètement quand on les cherche dans le domaine sportif traditionnel. Par contre, dans le champ dit des nouveaux sports, des sports de glisse surtout, une telle spontanéité est d'autant plus valorisée qu'elle se traduit non seulement dans la performance physique mais aussi dans l'esprit. Et chez les rollers et les skaters les plus novateurs, c'est bien une telle spontanéité constituée en contre-pouvoir et en résistance à l'esprit de compétition (par exemple) qui devient le fondement de leur pratique. Mais encore, cet esprit frondeur, cette insoumission notoire dépasse le champ des jeux sportifs pour gagner l'ensemble de la vie du roller/skater jusqu'à en faire un résistant, un rebelle dont la cause est la poursuite de cette spontanéité première que toute soumission à une règle, fut-elle sportive, ne pourrait que détruire : ou l'on skate, en inventant en direct ses propres critères et enjeux, partant sa propre évaluation, ou il n'y a plus que la morne répétition des gestes appris qui n'amusent ni ne séduisent plus. L'importance du *spot* découvert, gardé secret, pratiqué puis délaissé au profit d'une nouvelle découverte, est grande sur ce point. La trop grande connaissance des limites du terrain de jeu empêche ce jeu car elle empêche qu'il soit une pratique spontanée de ce terrain. Rien à voir avec le foot : contrairement au spécialiste des balles arrêtées ou, en face de celui-ci, au gardien de buts, qui tous deux doivent connaître au millimètre les lieux afin d'envoyer le ballon ou le laisser passer à coup sûr, le skater n'aura de plaisir que dans la confrontation fraternelle avec un nouvel endroit inconnu dont il pourra découvrir et surmonter les embûches. La pratique du skate n'est rien d'autre que la création et la recréation à répétition des gestes du skateboarding, une manière de nier les savoirs « anciens » (même d'une « ancienneté » d'une semaine ou deux...) en les appliquant de manière décalée, à force d'imagination musculaire[9]. Il en va de même pour le roller. « *Cependant, il faut retrouver les pistes de la spontanéité que les civilisations industrielles ont rendue sauvage* » (Vaneigem, 1967, p. 200). Sans rien perdre, pourtant, de cette sauvagerie qui fut gagnée dans l'affaire et dont il faut faire un usage novateur, c'est-à-dire poétique.

Immédiateté du geste appris

Quiconque aura observé le skater répétant son ABC de patineur aura été frappé par la monotonie de cet apprentissage des gestes basiques. Pourtant, comme c'est le cas dans le freejazz - et ce n'est dès lors pas par hasard que l'on parle, pour les skaters comme pour les snowboarders (mais aussi pour les vrais rappeurs), de freestyle - ces gestes n'ont de valeur qu'une fois exécutés « en situation », recodifiés *en vivo*, reconvertis en gestes nouveaux par la qualité particulière de l'instant - l'immédiateté : « *L'immédiateté est certainement la revendication la plus sommaire, mais aussi la plus radicale, qui doit définir ces nouveaux artistes que seront les constructeurs de situations à vivre* » (Vaneigem, 1967, pp. 200-201). Le patinage hors-piste urbain est peut-être la dernière véritable révolte d'un siècle qui en fut friand. Est-ce là que se serait réfugiée la dernière étincelle de « vraie vie », la dernière construction – la cathédrale ? – d'une situation à vivre intensément ?

Aux temps de la répétition radotante des savoirs théoriques, l'immédiateté d'une pratique sportive est forcément « révolutionnaire ». Les profs de gym, entraîneurs et autres moniteurs de colonies de vacances n'ont

---

9 Les organisateurs des contests en tiennent compte puisque la « créativité » du *rider* est notée en compétition.

évidemment pas prévu que les acquis de leurs années d'études seraient si vite dépassés, au point qu'eux-mêmes ne seraient bientôt plus physiologiquement préparés à acquérir les nouveaux savoirs ni même à encaisser le coup porté à leurs disciplines par les nouveaux sports[10].

L'immédiateté du geste, du mouvement néo-sportif ne doit pas nous tromper : tout d'abord, comme pour les musiciens de jazz (Willener, 1987), cette capacité à improviser face aux éléments naturels ou construits est le résultat d'un travail, du corps et de l'esprit ; ensuite, la vraie spontanéité, l'immédiateté, est rare même chez les patineurs ou les skateboarders les plus déjantés (donc réputés). Tout skater n'est pas forcément capable d'être spontané. Beaucoup de nouveaux sportifs ne font que répéter la gestuelle apprise à « l'entraînement » et ne sont pas des inventeurs, ni même forcément des diffuseurs de l'innovation. Pourtant, la véritable essence du glisseur, de celui qui, corps et âme, comprend la nouvelle façon d'affronter le monde au moyen d'une compétition avec les supports de sa pratique et non ceux qui, comme lui, sont leurs propres adversaires avant que d'affronter d'autres sportifs, - cet idéal de motricité et d'intelligence appliquée se doit d'être spontané, de s'exprimer instantanément... « *Cela seul est spontané qui n'émane pas d'une contrainte intériorisée jusque dans le subconscient, et qui échappe au surplus à l'emprise de l'abstraction aliénante, à la récupération spectaculaire. On voit bien que la spontanéité est une conquête plus qu'un donné* » (Vaneigem,

---

10 C'est très nettement le cas en Suisse où, bien qu'intéressés sincèrement aux qualités spécifiques de ces nouveaux sports (sports de glisse, en fait, pour l'essentiel), les professionnels du Sport Fédéral et fédératif ne parviennent qu'à de rares exceptions à surmonter leur vision archaïque - en gros : le sport, c'est de la gymnastique - observant, à la fois séduits et inquiets, ces sportifs sauvages déferler sur les terres si bellement labourées d'une institution telle que Jeunesse+Sport (Stierlin, 1997). Voir aussi : Wenger, 1997.

1967, p. 201). Comme la liberté, la spontanéité qui, dans le contexte de notre étude, est le style individuel allié à la capacité de réinterprétation des acquis techniques en fonction de situations topographiques nouvelles, ne peut pas être donnée par un tiers. Elle ne peut donc pas être enseignée, elle doit être conquise, elle doit être une victoire essentielle de l'acteur sur sa propre action. Le néo-sportif se veut libre de toute « préméditation » de sa pratique, laissant les rythmes de la mer, de la montagne ou de la ville déterminer le choix de son itinéraire.

Cette relative soumission aux situations n'est bien sûr que la conséquence logique du « principe d'insoumission » à l'emprise associative qui, à l'origine du projet et de l'action du néo-sportif, influence bien évidemment autant le subconscient du joueur que son style de jeu. Cette créativité, cette liberté et cette insoumission sont également à mettre en relation avec ce que nous avons dit de la rupture avec les modèles sportifs du père, ceux des fédérations qui ont dominé le sport dans les deux premiers tiers du siècle et dont l'idéologie est profondément mise en cause par l'échappée des nouveaux sports.

Une sociologie des nouveaux sports de rue

Passer de l'étude des nouveaux sports de glisse *fun* pratiqués dans la nature et face aux éléments naturels - eau, neige, vent... - à l'étude des nouveaux sports de glisse urbains nous oblige à nous interroger sur la part prise par le milieu dans la définition même de ces sports. Dans le cas du patinage, l'activité sportive prend un sens nouveau parce qu'elle est pratiquée sur route, dans la rue ou sur des équipements urbains - et qu'il s'agisse du roller in-line, du patin *quad* à quatre roues ou du skateboard - et non plus sur une surface naturelle, glace ou neige. Tous les patinages urbains ne sont pas équivalents, ni comme pratique ni comme « valeur ». On peut cependant s'accorder pour définir communément les skates et rollers (mais aussi les streetluges) comme l'expression la plus aboutie d'une ethnomotricité contemporaine, urbaine, appareillée, à roulettes, bien que sous deux formes assez différentes : le corps prolongé par des rollers et le corps posé, libre, sur la planche. Au-delà de ces différences, les glisseurs urbains, ceux surtout qui pratiquent le hors-piste ont certainement un profil socioculturel proche. Ainsi, une commune aversion pour les attitudes classiques des sportifs issus de « l'éducation physique » les réunit dans une même « protestation ». Le sportif « nouveau » proteste – *conteste* - en effet : il ne veut plus être sportif, il ne veut pas faire de sport, il veut créer, du mouvement, du geste, un rapport intime et nouveau avec un objet particulier dont il choisit la façon de se l'approprier, patins à roulettes, skateboard, windsurf, snowboard, et dont il fera l'étendard de son expression décalée, de sa « protestation ». La sociologie des nouveaux sports de rue est l'analyse de ce mouvement de protestation passant par l'expression corporelle, la maîtrise des attitudes ludiques, le choix du terrain et le refus des modes de faire et de *s'organiser-pour-faire* en vigueur, ainsi que l'analyse de la rue en tant que support de cette protestation. Ce refus et les mobilisations qui s'en suivent dans le sport, la culture et la société, devraient nous aider à mieux faire valoir notre entreprise. Le développement rapide de ces mouvements de fond confirme la nécessité d'une étude sérieuse et prolongée. Une information de première importance est donc à soumettre à tous les spécialistes des sciences humaines qui ne prennent toujours pas le sport au sérieux : il faut procéder d'urgence à une sociologie de la ville *à partir des sports de rue*. En observant la manière dont les patineurs occupent les lieux et les espaces publics, qu'ils s'y installent en utilisateurs privilégiés ou conquérants ou qu'ils ne fassent que les traverser, on peut comprendre la manière plus globale qu'ils ont de percevoir la ville et de se l'approprier concrètement et symboliquement. Ainsi, par l'observation d'un groupe particulier d'usagers et de sa façon de s'intégrer dans le paysage urbain ou, au contraire, de détonner, on peut parvenir à mieux cerner l'identité culturelle d'une ville ou d'un quartier. « *C'est précisément parce qu'il met en scène, de façon extrême, des interactions dans la rue que le skateboard est un excellent support de l'analyse de la culture urbaine* » (Calogirou et Touché, 1995, pp. 37-38). Il en va de même, à nos yeux, du roller.

Paraphrasant tel poète Porteño qui disait que le tango est une pensée triste qui se danse, on dira, expérience faite, que le roller et le skateboard, « sont » *une pensée urbaine qui glisse*. Mais c'est une pensée joyeuse, contrairement au tango, et qui *se* glisse dans les espaces de la ville plutôt abandonnés aux voitures, dans les interstices des territoires métropolitains, sur les surfaces lisses et plates - en escaliers aussi, parfois - des non-lieux de la surmodernité, cet état du social contemporain inscrit dans le tracé des avenues et des places dénuées d'usagers (Augé, 1992). La transformation des sports conventionnels par la création de nouveaux sports est une chose importante qui arrive à la culture contemporaine. Mais la disqualification des anciens espaces sportifs (ou appropriés par des sportifs) qui s'ensuit, ainsi que le « vieillissement » accéléré des pratiques, des pratiquants et des équipements qui leur sont associés est un traumatisme bien plus grand encore. Et même s'il est trop tôt pour s'interroger sur les possibles chances de « *re*qualification » des uns et des autres, on n'a que trop tardé à se demander quelles stratégies publiques et privées sont à proposer pour faire face à de telles transformations sociales et spatiales (Zouari, 1996).

Le surgissement des nouveaux sports : une ivresse contemporaine

« Il faut être toujours ivre. Tout est là : c'est l'unique question. Pour ne pas sentir l'horrible fardeau du temps qui brise vos épaules et vous penche vers la terre, il faut vous enivrer sans trêve. (...) Et si quelquefois, sur les marches d'un palais, sur l'herbe verte d'un fossé, dans la solitude morne de votre chambre, vous vous réveillez, l'ivresse déjà diminuée ou disparue, demandez au vent, à la vague, à l'étoile, à l'horloge, à tout ce qui fuit, à tout ce qui gémit, à tout ce qui roule, à tout ce qui chante, à tout ce qui parle, demandez quelle heure il est ; et le vent, la vague, l'étoile, l'oiseau, l'horloge, vous répondront : Il est l'heure de s'enivrer ! Pour n'être pas les esclaves martyrisés du Temps, enivrez-vous sans cesse ! (...) ».

« Et de vitesse », suffit-t-il seulement d'ajouter pour que cette apologie de l'état d'ivresse, avec ou sans alcool, soit totale. On se demandera alors le nom de celui qui a écrit cet article, certainement paru dans un numéro de Wind Magazine de 1978... Non, évidemment, il s'agit de Charles Baudelaire, d'un poème en prose intitulé *Enivrez-vous* et paru en 1864. Avouez cependant qu'il rend assez bien compte de la quête du nouveau Graal sportif et social d'aujourd'hui : envolez-vous, quittez le sol, volez, roulez, sentez le vent et la vague, surfez, skatez - à votre guise, mais soyez ivre de sensations nouvelles. Et surtout : refusez de vous laisser dicter vos pratiques quotidiennes, même votre plus banale routine, par l'horloge : refusez, sur votre planche, vos patins à roulettes ou votre snowboard, d'être les *esclaves martyrisés du Temps* - du Chronomètre, du millième de seconde, de la performance calculée... Tout est là. Il ne faut plus maintenant que comprendre comment l'un des plus vieux soucis du monde -

échapper à la course du temps en le prenant de vitesse quitter la pesanteur terrestre par sa seule énergie - s'exprime aujourd'hui, près de cent cinquante ans après que le poète syphilitique ait écrit la prose qui ouvre ce chapitre. Henri de Montherlant, dans ses « Olympiques » (1938), pensait que « *la joie du sport est une ivresse qui naît de l'ordre* ». L'ordre, ce n'est plus si sûr, mais d'accord pour l'ivresse ! L'ivresse des mangeurs d'opium, des fumeurs de haschisch, des buveurs de vin de coca ? De Charles Baudelaire ? Ou alors, des amateurs de vertu ? L'ivresse contemporaine, celle qui est la plus véritablement "de notre temps", c'est dans le champ sportif qu'il faut la chercher. Cette ivresse est parfois trouvée sur les plus hautes cimes ou à la mer. Ce n'est pourtant pas l'ivresse des profondeurs, mais de la surface, une surface plate ou non, à plat, légèrement en descente ou absolument pentue - mais une surface. Dans surface, il y a surf. Surf, surfing, surfer, mots magiques des années 60, des rebelles des plages californiennes, beatniks en maillots de bains ayant échangé leurs machines à écrire et leurs litrons de vin doux pour une planche, une vague, un *spot* secret loin du jazz des villes... Des hors-la-loi de la pesanteur dont les héritiers, en ces temps néo-libéraux, ne sont pas nombreux et loin, encore une fois, des machines à écrire - des ordinateurs portables dirons-nous ; ils sont à chercher à nouveau dans le champ miné et explosé du sport, de la glisse, sur l'eau, la neige ou l'asphalte. L'asphalte, surtout, à vrai dire, depuis que les surfers, windsurfers, *fun*boarders et autres snowboarders sont sponsorisés, fédérés, chronométrés, bariolés de publicité et, autrement dit, de retour dans la grande famille sportive. L'asphalte des trottoirs, de la rue, de la route surtout, parcourue à toute vitesse par les derniers « vrais » rollers, ceux qui se refusent encore à être skate-parqués dans un entrepôt réaffecté de quelque friche industrielle. Car l'affaire en est là. Ou c'est l'affaire qui roule des marques et des sponsors, ou l'une des affaires sociales des politiques municipales mises en place selon le bon vieil adage qui veut que « pendant qu'ils s'abîment coudes, mâchoires et genoux sur les rampes, ils ne sont au moins pas au bistrot et ne se droguent pas », ni même ne traînent dans la rue. D'accord, mais souvenez-vous qu'ils s'enivrent. Cependant, beaucoup de ces nouveaux sportifs de rue sont effectivement de retour au bercail associatif, se sont rangés des voitures - les parents, la police, les automobilistes, les assurances, les profs de gym, ça faisait décidément beaucoup - et ne parcourent plus les rues que pour se rendre, plus ou moins tranquillement, d'un point à un autre. Report modal : les patins, dans la ville, sont aussi un moyen de transport. Bientôt même, ne seront-ils plus que cela, un moyen plus ou moins *fun*, un acte exécuté avec plus ou moins d'habileté par des gens désirant éviter les embouteillages ou voulant donner à la promenade du dimanche au bord du lac des accents de roadrunners. Déjà, au début des années 80 et face pourtant à une apparente disparition des skaters de la scène urbaine, le surfer aquatique Yves Bessas analysait la situation de manière visionnaire : « *De toute façon, le rollerskate envahira de nouveau, à plus ou moins longue échéance, nos rues et nos trottoirs, d'autant plus que les difficultés de la circulation tendront de plus en plus à repousser l'automobile des centres des villes. À ce moment-là, peut-être assisterons-nous à un retour en force des skaters qui pourront dessiner leurs arabesques entre les murs des immeubles parisiens aménagés au préalable par des structures plastifiées* » (Bessas, 1982, p. 167)...

Voilà où nous en sommes vingt ans plus tard. Les rollers, mais plus généralement les jeunes qui avaient contribué à secouer sérieusement le cocotier des sports traditionnels, sont des promeneurs comme les autres, des joggers à roulettes, des piétons extrêmes et leur présence dans les rues des villes n'a, en ce début de siècle, plus grand-chose d'étonnant, si ce n'est parfois, sur une pente à 18%, le météore d'un incurable du slalom urbain... Mais cette rareté n'est pas à regretter. En débutant la recherche, nous pensions peut-être un peu trop à ces glisseurs comme aux nouveaux bandits sociaux, rebelles ou archanges - albatros, dirait Baudelaire - romantiques, en fin de compte, des temps difficiles que vivent les villes modernes, entre déqualification des espaces les plus défavorisés et désertification progressive des lieux les plus favorisés, arrangés, piétonniers, les fameux centre villes post-modernisés à outrance. De fait, on ne voyait plus qu'eux, traverseurs et transgresseurs de places et de parcs, pour redonner sens et usage à des endroits dont, tout à coup, en les voyant ainsi violemment parcourus, on « savait » qu'ils n'avaient été inconsciemment conçus que pour « ça » : les voir, comme une peinture de Marcel Duchamp, traverser, vite, par un roller « descendant un escalier », jusque-là jamais ni monté, ni descendu *sincèrement* par personne ! Qui d'autre en effet que lui pour en comprendre intimement chaque marche ? Le balayeur, peut-être, mais alors sans la gloire...

Il faut donc analyser le phénomène roller comme la manière la plus actuelle d'occuper la scène urbaine, mais le faire en considérant cette pratique novatrice de l'espace public comme un fait paradoxalement ordinaire et non pas *phénoménal*. Car, s'il est vrai que la virtuosité du geste et de la technique de certains rollers ou skaters frisent le génie d'un Picasso torero colérique ou d'un Garricha joie du peuple boiteux - de l'audace, du jamais vu, de la passion, de l'irrespect pour les habitudes - il nous faut surtout voir de quelle manière cette « fureur de faire » (Fize et Touché, 1992) est d'autant plus importante aujourd'hui que la plupart de ses adeptes sont précisément des pratiquants sans grand talent ni courage, parcourant la ville sans émotion particulière, se fondant dans le paysage urbain. En effet, la fascination que nous pouvons avoir pour les quelques Santos-Dumont du in-line ou de la planche à roulettes, fonçant dans la nuit avec l'abnégation et la poésie d'un pionnier de l'Aéropostale décollant pour surmonter les Andes, ne doit pas être le seul fondement de l'intérêt sociologique pour les nouveaux sports de rue. Celui-ci, au contraire, doit être inversement proportionnel à la banalisation des usages. Plus que les descendeurs des contests annuels, prodiges finalement aussi inaccessibles et peu représentatifs que n'importe quel Luc Alphand ou Pirmin Zurbriggen quand ils étaient à la fois au sommet de leur carrière et le plus vite en bas de la piste, ce qui justifie l'étude présentée ici est la certitude qu'aujourd'hui la pratique de la glisse urbaine s'est largement banalisée, jusqu'à devenir en moins de trois ans et après un assez long purgatoire, un mode relativement habituel de se déplacer en ville. Dans notre histoire présente du patinage urbain, nous faisons, il est vrai, une large place à la pratique du roller par une élite détachée des contingences terrestres, des nécessités humaines d'aller sans tomber, de notre commune volonté d'équilibre. C'est bien cependant le passage de tels savoirs et pratiques de sphères particulières vers la majorité qui donne à l'étude du phénomène sa légitimité scientifique.

Mais il ne s'agit peut-être, après tout, que d'une autre façon de revenir sur l'éternelle question du *faire* et de *l'être*, et distinguer, donc, ceux qui font du roller de ceux qui *sont* des rollers. Les premiers, au nombre de trois ou quatre cent mille en Suisse, sont définis comme détenteurs de patins en faisant usage plus ou moins fréquemment et objet privilégié d'une sociologie du roller vouée à l'étude de faits sociaux non confidentiels ; les seconds, extraterrestres par vocation, sont des outsiders, à l'image du musicien de jazz ou du fumeur de drogues douces étudiés par Howard Becker dans les années 60 et qui ne sont des marginaux que très modérément, plus au regard des autres que dans les faits (Becker, 1985). Il ne s'agit pas moins de groupes minoritaires qu'il nous faut étudier comme tels en évitant de généraliser, cela même si l'imaginaire de la ville a surtout incorporé ces derniers dans son catalogue des légendes urbaines. C'est assez normal : il est en effet plus frappant pour l'homme de la rue (qui doit désormais partager son espace avec ces trapézistes plus ou moins près du sol) de croiser un descendeur dépassant à la verticale une voiture lancée à plus de 60 kilomètres à l'heure qu'une maman branchée promenant, en patinant, bébé dans son landau... Ces personnages sont tous deux des figures de la surmodernité et de l'urbanité. Mais, avec le temps, il y a fort à parier que c'est la seconde, si elle ne s'est lassée de l'exercice, qui figurera la prochaine époque du roller et les nouveaux temps de l'urbain, à l'instar du rappeur de banlieue ou du sans-abri. C'est peut-être moins *fun* mais sociologiquement, les perspectives sont plus nombreuses puisque l'on peut parler alors d'une culture véritablement novatrice dans la ville et non d'invasion de la planète Mars.

Expérience et signification du glissement

C'est l'immobilité qui pose problème au roller : que fait-il ? qui est-il à l'école, au travail, le soir à table ? rien d'autre qu'un piéton, un « rampant », un être privé de ses roulettes. Ce qui « fait » le roller, c'est son roulement ou, plus encore, son glissement.

Michel Bouet[11] parle de ce qui reste le premier phénomène de glisse contemporaine - au sens strictement physique - dans les pays du Nord, le ski. Il constate que « *l'expérience du glissement à skis s'insère dans un cadre plus large de la signification du glissement où l'on*

---

[11] Dans un livre longtemps introuvable mais aujourd'hui réédité chez L'Harmattan, et dont on peut lire quelques pages citées dans un numéro de la revue Autrement n° 15 : « Résister », Paris, mars 1994.

distinguera d'abord les idées physiques de couler (une goutte d'eau qui glisse sur une vitre), de surface (il semble que, pour le glissement, il n'y ait que des surfaces), de lisse (à cet adjectif ne correspond pas de substantif, comme si tout le qualitatif de la pure mobilité du glissement s'exprimait par là). Puis on discernera des éléments signifiants plus symboliques : glisser, c'est effleurer, passer furtivement, légèrement. Il faut noter aussi que ce qui glisse souvent nous échappe et qu'il y a dans l'idée de glisser celle de se dérober à une prise et à une immobilisation » (Autrement, 1994, pp. 58-59). Car la véritable hantise du patineur, considéré comme figure archétypique de la modernité, ce n'est pas la chute - l'antique hantise d'Icare restituée dans l'environnement construit - mais bien l'arrêt, le ralentissement peut-être, mais surtout l'immobilité, celle qu'amènent l'emprise de l'air, le frottement, la résistance... Un roller arrêté est un être abattu. D'ailleurs, il ne reste pas debout, il s'affaisse, s'affale, se couche, s'assied. Et alors, assis en haut d'une rampe ou sur un trottoir, il redevient un petit enfant, un grand oiseau marin que ses pieds de géant empêchent de marcher... Ou alors un petit vieux, épuisé par son équipement, casque, protection, et par l'effort fourni pour décoller, qui reste avachi dans un fauteuil. Puis tout à coup, il s'élance, reprend de la vitesse et s'envolera bientôt une nouvelle fois, redevenu prince des nuées ou des rues pour quelques minutes...

Le glissement, vécu comme *agir* (sur la matière urbaine) et comme *sentir* (la contexture de la route - comme si on en agrandissait au microscope les failles et les reliefs minuscules pour en découvrir le secret et la formule atomique) est dépassement du schisme antique entre l'être et le monde, entre moi et les choses. La vieille rupture ontologique présocratique est réparée par la sensation du glissement : je suis la pente et la pente *est* moi, je suis la neige, la route, la rampe de bois... Pour cela il faut être léger, ne pas s'enfoncer. Et donc, puisque le poids de la vie nous a tous rendu lourds, il nous faut prendre de la vitesse : bondir ne suffit plus pour s'élever, il faut foncer avant toute chose. Pour devenir un hors-la-loi de la pesanteur et échapper à la force de la gravité, il faut avoir une grande capacité d'accélération puis une faculté plus grande encore de la maîtriser. Le suisse Luc Lenoir, indiscuté « patron » des épreuves de descente sur route, est avant tout connu pour être le roi du freinage (et une sacrée sale tronche !). Pour Bouet (Autrement, 1994, p. 59), le glissement a également le sens de s'opposer. Il s'oppose notamment au visqueux, à toute matière pouvant coller et retenir celui qui glisse ; à la discontinuité, puisque l'itinéraire d'un glisseur restaurera forcément la continuité des espaces désassemblés, ou alors celui-ci ne glissera plus ; enfin, aux mouvements appuyés, pesants, donc à la pesanteur. C'est donc bien un décollage et un état d'apesanteur, mais aussi un effort pour retrouver l'unité ontologique, que le sportif de glisse réalise, c'est à cela qu'inconsciemment peut-être, le mène son étonnante motricité. Ainsi, on pourrait dire que le glissement est, littéralement, un *mouvement d'opposition*. En effet, en glissant, le skieur, le snowboarder, le surfer et, par suite, le skater s'opposent de plusieurs manières aux habituels modes d'appropriation et d'appréciation des milieux dans lesquels ils évoluent et dont ils refusent les aspects négatifs tels que les dangers, les difficultés d'accès, les obstacles... Plus le parcours est encombré, plus il faudra chercher à y tracer, d'un geste habile, une coulée harmonieuse, une piste bellement dessinée dans l'air.

Pour le roller, on peut dire qu'il s'oppose au discours défaitiste qui stigmatise la ville et en fait le dernier enfer possible. S'il y a enfer, c'est au contraire quand tout est vide, plat, calme, lent... Ou alors, si la ville est bien un enfer, ces « diables d'hommes » que sont les glisseurs parviendront à n'y point brûler leur peau. En cela, on dira - en suivant Bouet – que, moins qu'une appropriation du support physique sur lequel on glisse, les pratiques abordées dans notre étude sont une appropriation du glissement lui-même, c'est-à-dire un apprentissage sensuel du sentiment d'apesanteur, du vol, de l'oubli du sol et de l'insoutenable lourdeur de nos êtres. Nos racines terriennes sont souvent un empêchement de rêver. La glisse permet une médiation crédible vers nos imaginaires « racines » aériennes, celles que nos peuples barbares avaient héritées des dieux de l'Olympe, avant que la raison des hommes ne les en chasse... En glissant, l'homme est enfin puissant. Voyez James Bond, surfant sur un patin d'hélicoptère récupéré dans la bagarre et échappant aux crevasses et aux méchants ! La puissance absolue, la beauté, la pureté[12]...

Expérience et signification de la vitesse

« *La vitesse est le fruit de l'action de la pesanteur sur le skieur en descente et elle constitue un élément fondamental de l'expérience de celui-ci qui la vit comme une tendance perpétuelle à l'accélération* » (Bouet, Autrement, 1994, p. 60). « À la lumière de la vitesse » (Willener, 1990), cette accélération du corps sportif sans laquelle le glissement ne se ferait pas, est éclairée nouvellement. Le glissement, entre freinage puis arrêt et précipitation puis chute, est un savant dosage : il faut « gagner de la vitesse » sans être « pris de vitesse ». Ce dosage, c'est la maîtrise de soi dont sont seuls capables les « maîtres sans esclaves » (Vaneigem, 1967), sans aucun esclave fût-ce son propre corps. Ceux qui ont soumis

12 « *Être pur, c'est tout ce que je veux* », déclare Jim Carrol, ange noir et poétique du *ground* newyorkais, pour clore son livre « Basketball Diaries » (1995, p. 257).

leurs membres et leurs muscles pour en faire des dociles serviteurs de leurs efforts ne sont pas des maîtres de la glisse. Ils ne seront jamais que des *culturistes*, des body-builders satisfaits de leur sueur et de leur serviette-éponge, et respectueux des consignes de l'entraîneur...

Dans la glisse pure, la satisfaction vient, au contraire, de la sensation jubilatoire d'avoir pu prendre de la vitesse en substituant la pente, devenue complice de celui qui la dévale, au moteur. C'est l'énergie positive de cette chute toujours repoussée, de ce corps lancé mais épousant la topographie tendant à la verticalité, qui donne à la glisse vécue son caractère enchanté : elle n'est produite par rien d'autre que le basculement en avant, elle ne doit rien aux machines, elle peut se faire en silence.

Attention alors à ne pas être saoulé par ce mouvement et que la vitesse, s'accélérant encore, ne devienne précipitation, même précipice... Quand l'objectif ultime du sportif est de prendre de vitesse la vitesse elle-même, il finit par subvertir, renverser même, l'objectif normatif des sociétés occidentales modernes qui est d'aller toujours plus vite grâce à la soumission aux technologies de pointe, de l'information et de la communication. Les kamikazes de L'International Roller Contest de Lausanne, mais aussi ceux du kilomètre lancé à ski, dénoncent cette obsession unique du système : aller plus vite d'accord, mais les motifs invoqués par tous les gouvernants, banquiers, hommes d'affaires, sont faux : il ne s'agit pas de productivité, plus depuis bien longtemps ; il s'agit, comme avec l'absinthe au XIXème siècle, comme avec les guerres féodales au XIIIème, de s'enivrer de son propre vertige, d'affronter, désespérément, sa finitude d'être humain. CNN, MacIntosh, Nitendo, ne peuvent rien contre ce sentiment-là : seule la vitesse convertie en hyper vitesse peut tout. « L'imaginaire de la fulguration » montre les vieilles ficelles de la modernité : nous ne sommes jamais que des singes technologiques, les peurs des cavernes sont les mêmes. Glissons donc, survolons l'abîme, fonçons à 100 km/h au-dessus des gouffres amers...

Mais les technologies ont d'infinies ressources. Il y a des technologies spécialisées dans le vertige comme d'autres le sont dans l'alimentaire. L'essentiel, autant de savoir ce que l'on mange même quand on est affamé, c'est de savoir comment on se procurera du vertige dans une société visant à ce point à la raison. Certains *riders* devenus professionnels se font aujourd'hui sponsoriser leur vertige par des marques et ont remplacé l'ivresse par les prize money. D'autres sont retournés à la rue, anonymes, ou ont disparu. Mais de nouveaux « purs » poursuivent la quête...

Se réapproprier les technologies

Les nouveaux sports, nous dit Alain Loret (1995), sont des sports appareillés. Ils sont en effet tous dépendants d'une technologie qui, s'il est vrai qu'elle a été initialement développée par les créateurs pratiquant ces nouveaux sports, les définit aujourd'hui complètement et détermine les techniques, styles et attitudes corporelles adéquates. « *Descendre a quelque chose de facile. Et le ski paraît un jeu avec la neige, avec la pesanteur, avec ces longues planches fixées aux pieds, avec les obstacles de la pente, avec les dangers. Chute déjouée, enfoncement dans la neige déjoué, le skieur semble se jouer de toutes les difficultés. Cependant, cette aisance est malaisée et pleine de risques. L'engin skis facilite mais complique aussi* » (Bouet, Autrement, 1994, p. 60). L'apparente facilité de ces descendeurs et glisseurs en tous genres ne doit pas nous faire oublier que la pratique de ces sports est complexifiée, rendue plus difficile par les appareils dont elle impose la bonne connaissance. S'ils parviennent, malgré leur équipement, à rester aériens, c'est qu'ils ont été capables de réaliser cet « *amalgame des oppositions pour une création extrême* » (Midol, 1992, p. 61). Cette relation complexe qui est celle des néo-sportifs et de leurs technologies a été étudiée, il y a une vingtaine d'années déjà, par Yves Bessas. Ce surfer devenu « multi-glisse » dans les années 70 l'avait vu : « *Le besoin de renouer avec un environnement plus sain a coïncidé avec l'apparition, sur le marché, d'outils sophistiqués résultant des progrès de la technologie. De nouveaux matériaux dérivés du pétrole, tels que le P.V.C., polyuréthane, ABS, polyamide, polypropylène, polyester, polyéthylène, etc., ont permis la création d'engins indispensables pour approcher cette sensation de liberté que procure la communication totale avec les énergies gratuites : vent, pesanteur ou force de la vague* » (1982, p. 165).

L'être humain, piètre oiseau, ne peut donc pas se passer de prothèses. Pourtant, le rapport à celles-ci - le cas du *rider* in-line est exemplaire de cette situation - n'est pas celui d'un handicapé à ses béquilles, et là est l'innovation néo-sportive. Ainsi, après des années 70 où une part importante de la jeunesse occidentale a rejeté en bloc tout progrès technologique pour retrouver des valeurs jugées plus authentiques (néo-ruraux), les choses ont passablement changé dans les années 80 : « *Après une réaction de rejet, [l'être humain] commence à réaliser qu'avec l'expérience, nous pouvons trouver un équilibre entre les loisirs que nous laisse notre vie trépidante, un certain contrôle personnel des outils qui nous sont proposés, et un retour à la nature permettant de survivre malgré une société particulièrement éprouvante, chargée de stress et de pollution* » (Bessas, 1982, p. 166). Peu à peu, une sorte de métissage culturel est né entre des pratiques sportives sauvages et des technologies de pointe qui se sophistiquent chaque jour davantage, car « *ce besoin de retrouver l'équilibre correspond bien à ce que nous proposent les sports de glisse : avec eux, précisément, il s'agit d'exercer notre équilibre en utilisant notre connaissance des forces de la nature, et grâce à un contrôle sans cesse meilleur de l'outillage du XXIème siècle* » (Bessas, 1982, p. 166), en se gardant cependant de la fascination pour ces forces comme pour cet outillage. « *D'autant qu'au fil des années (5 à 10 ans pour un surfer, 5 ans pour un skieur), on parvient à découvrir un aspect ludique du sport découlant du contrôle de l'outil, qui permet d'atteindre à un degré de plaisir tel qu'il n'est plus nécessaire de rechercher le danger pour vivre intensément* » (Bessas, 1982, p. 180). Ainsi, en ce qui concerne le glisseur urbain, sa capacité créative, son intelligence aiguë de l'essence de la ville, participent d'une attitude critique parce qu'agissante face à la domination technologique, à la progressive virtualisation de nos vies. La preuve en est la nouvelle offensive du virtuel dans le champ du sport qui jusqu'à présent n'avait pu être imaginé que vécu, de deux manières très différentes, il faut le reconnaître : le vécu de celui qui pratique réellement le sport et le vécu, réel lui aussi, de celui qui est le spectateur de cette pratique, qu'il le soit directement, dans un stade, une salle de boxe ou, d'ailleurs, au pied d'un half-pipe, ou indirectement, *via* la radio, la télévision ou, à un moindre degré, la presse écrite. Ces « jeux à la surface » que constituent les glissements du patineur peuvent passer pour des jeux superficiels, des passe-temps, des dérivatifs, des évasions relatives. Ce serait pourtant faire peu de cas de la « joie sportive » (Roger Caillois) qui, tel le gai savoir selon Nietzsche, permet d'espérer les plus terribles bouleversements des conventions. Cette joie-là n'est donc rien moins qu'un divertissement. Voilà pourquoi les cérémonies du glissement sont en ville, milieu tragique balisé par la pauvreté, la violence, les inégalités, évidemment beaucoup plus des cérémonies « à risques » qu'elles ne le sont sur l'eau ou à la montagne, deux mondes où ces risques sont pourtant importants mais « naturels ». Une avalanche n'est jamais aussi tragique qu'un SDF parce qu'elle peut toujours passer pour un accident.

La ville, ultime terrain vague

Dans terrain vague, il y a « terrain » et il y a « vague ». La ville, pour les *riders* pratiquant le *street*, tient à la fois de l'un et de l'autre. Elle est, pour ceux qui la pratiquent hors-piste, autant un terrain de jeux - terrain de sports, l'équivalent de leur ancienne place de jeux, caisse à sable, toboggan, balançoire - que la vague qui les porte, en un roulement sonore, du haut en bas de la cité, l'équivalent donc du support liquide et salé qui permet l'exploit du surfer des origines.

C'est aussi d'une aventure urbaine, d'une manière inédite de connaître - faire connaissance puis entretenir ses connaissances de la « matière urbaine » - dont il faut parler à propos du roller et du skateboarder, une manière de « reprendre » intuitivement les travaux des Situationnistes sur l'errance et la dérive (Debord, 1955 ; 1956) ou ceux de Georges Perec (1975). Mais ce qui était fait par ceux-là avec un certain dandysme et une soumission maladive à la Littérature, est réalisé par les skaters dans la plus grande liberté qui est celle de tous ceux qui agissent radicalement dans l'espace sans gaspiller leur énergie dans le récit de leurs travaux (d'autres groupies peuvent se charger de ça !).

Maîtriser la « spatialité radicale » (Sartre et Bouet, 1994, p. 57) se fait par le « bon usage » de son propre corps qui est, dans le cas des sports de glisse, l'appropriation détaillée de cette surface, c'est-à-dire l'appropriation parfaite du moindre détail de cette surface jusque-là radicalement extérieure au patineur, mais qui, par la seule mise en mouvement, va devenir *appropriée*, propriété non plus de la montagne, de la mer ou de la ville mais du skieur, du surfer, du patineur... Jean-Paul Sartre (1971, p. 670-673) fait, dans « L'Etre et le Néant », une petite digression sur la neige et le ski : « *Le sens du* ski *n'est pas seulement de me permettre des déplacements rapides et d'acquérir une habilité technique, ni non plus de* jouer *en augmentant à mon gré la vitesse ou les difficultés de la course : c'est aussi de me permettre de posséder ce champ de neige. À présent, j'en fais quelque chose. Cela signifie que, par mon activité même de skieur, j'en modifie la matière et le sens. Du fait qu'il m'apparaît à présent, dans ma course même, comme pente à descendre, il retrouve une continuité et une unité qu'il avait perdues*» . En remplaçant le mot skieur par patinage à roulettes ou roller et neige par asphalte, nous comprenons de quelle manière la relation entre le patineur et l'espace urbain est *nécessaire*. Ce n'est que la nécessité intime de cette relation qui permet aujourd'hui à des villes devenues des assemblages plus ou moins réussis de « non-lieux » d'avoir encore un sens, d'exister donc non seulement spatiale ment mais encore socialement.

Nous ne faisions rien de la ville ; les rollers se sont chargés d'en faire quelque chose. Quoi ? une collection de lieux magiques, les *spots*. Un ensemble aléatoire de territoires signifiants. En glissant de l'un à l'autre sans changer ni de tenue ni d'attitude - et face à la fragmentation tant annoncée de la métropole - le patineur préserve la continuité et l'unité de la ville[13]. Face à la dilatation de l'espace urbain, le roller,

13 Voilà peut-être ce qui distingue encore les villes d'ici de celles du Tiers-monde divisées en petits morceaux dont l'ajustement ne se fait plus. En cela, on pourrait avancer l'hypothèse que, si le roller est un jeu sportif de l'unité et de la continuité du territoire - de la pente - urbain, le streetball tel qu'il se joue dans ces métropoles fragmentées

en patinant et en *sentant* la route dans ses moindres reliefs et aspérités, parvient - est-il le seul ? - à posséder la ville qui, sans cela, serait perdue pour lui comme elle l'est aujourd'hui pour la plupart de ses usagers qui la parcourent comme une terre étrangère, un corps étranger. Le roller ne peut comprendre - saisir - la ville qu'en la parcourant dans les moindres détails. Il ne peut se satisfaire - paradoxalement - d'une connaissance *superficielle* de l'urbain.

Comme dans les films de Fellini, quand passent des clowns sur la place d'un petit village et que l'enfance retrouvée du cinéaste embarque le spectateur fictif du village et le spectateur réel du cinéma dans une nouvelle dimension, les patineurs réenchantent les lieux dont ils sont les bons génies, quoi qu'en disent les usagers des trottoirs. La scène s'éclaire de manière inattendue, la fanfare improvisée met en branle des sensations nouvelles. Les *riders*, comme des forains postmodernes montent leurs invisibles tréteaux. *Fun*ambules, ils sont perchés sur un fil invisible et épatent les badauds. C'est la Grande Parade (Adamkiewicz, 1998a ; 1998b). De ce décalage, dépend la survie de la nouveauté et de l'altérité des sports de glisse : de la surprise, de l'inattendu. C'est ce qu'ont compris les médias néo-sportifs. Moins que la performance réelle, c'est l'imaginaire du sport qui les intéresse, contrairement à la presse qui continue à annoncer et à commenter des résultats : « *L'iconographie des magazines consacrés aux «sports de glisse» ne montre jamais les adeptes là où on les attend. «L'éclate» devenant la préoccupation première, ils extériorisent sensations et émotions en s'affichant en situations de vol, décollage, dont les photographes font leur miel. Un snowboarder n'est jamais présenté sur la neige, un funboarder sur la mer, un*

---

est un jeu sportif de la division et de la ségrégation, de la discontinuité et, donc, du « Chaos » (Pedrazzini, 1994 ; 1995).

skateboarder sur le bitume. Tous cisèlent en plein ciel des mouvements inédits dont l'élégance et la technicité le disputent à la frime et à l'ostentation » (Loret, 1996, p. 18). Bien sûr, la scène urbaine ne saurait vivre sans les acteurs capables de l'occuper avec talent. Les nouvelles « figures urbaines du quotidien » (Esprit, 1978, p. 27) sont frimeuses, arrogantes, et passablement perturbatrices. Mais elles fondent de nouvelles cultures urbaines. Le rock, le punk plutôt, mais aussi le skate sauvage, trois figures marquantes de la ville moderne, ont dès la fin des années 70 participé à la définition de l'air du temps (comme, quinze ans plus tard, le roller in-line et le hip hop). Les uns et les autres ont émis des auto-images bondissantes, insoumises, bruyantes, qui en ont vite fait des légendes contemporaines. Pour en rester aux skaters : « *On les appelle les «mange-bitume, les piétons-volants... ce sont les skateboarders ou les skatistes qui, chevauchant leur planche à roulettes, sillonnent nos trottoirs, nos parkings, nos dalles de béton et offrent le spectacle gratuit de leurs slaloms, de leurs arabesques, de leurs acrobaties...* » (Caroux, 1978, p. 33).

En moins de vingt ans, avec des hauts et des bas, ces extraterrestres ont pourtant passablement dessiné notre « culture de l'ordinaire » (selon l'expression de Michel de Certeau) telle qu'elle est vécue aujourd'hui. Comme les animaux amphibies préhistoriques passés à terre pour devenir mammifères, l'évolution sportive a sorti le surf de la mer et l'a fait glisser sur les berges, sur les routes des grandes villes !... À l'urbanisation de la société répond évidemment l'urbanisation des planches de surf et, vers 1975 déjà, on peut constater que, « *à l'évidence, le succès du skate souligne, en même temps qu'il essaie d'y remédier, les difficultés de pratiquer le sport dans nos villes, surtout les grandes (...). C'est un sport qui s'épanouit dans l'urbain en offrant au skatiste un panaché de vitesse, d'expression corporelle et de plaisir* » (Caroux, 1978, p. 34). *Skate attacks* ! Comme le montrent bien les pubs de chaussures pour skateboarders type Airwalk, les skaters n'ont pas les pieds sur terre !... La ville ne leur pèse pas.

Éloge des « piétons qui roulent »

Roulez, jeunesse ! Le but annoncé des patineurs à roulettes et des skaters est de rouler (pas de s'arrêter, pourrait-on ajouter en paraphrasant le vieux père Bugatti). En fait, il s'agit plutôt de glisser. La glisse est dès lors définie - et vécue - comme une dialectique du roulement et du freinage, c'est là le point de vue technique, mais surtout une dialectique de l'envol et de la chute, autrement dit une esthétique maîtrisée du déséquilibre et, donc, une représentation allant parfois jusqu'à la théâtralisation et au « spectacle », même au spectacle de soi, de la fragilité de l'être humain toujours près de basculer, de la précarité de ses fondations, de ses bases, dont il se détache, abandonnant ses racines pour rechercher aussitôt ses appuis au sol. Le patineur est donc le métis des signes de l'air et des signes de terre. Il n'est rien si les deux éléments ne se fondent pas dans le mouvement qu'il exécute, mais ces deux éléments ne se fondent que s'il parvient à l'exécution parfaite du mouvement.

À cela, il faut ajouter la connivence avec le milieu « naturel », la ville elle-même, globale et composée de millions de petits détails spatiaux. C'est cette connivence qui fonde le style du skater ou du roller, comme celle du *homeboy* et du ghetto a pu fonder une certaine légitimité du rap gangsta ou d'une « école » du tag français en Seine Saint-Denis. Les adeptes du skate dit sauvage des années 1975-1977 ont ainsi très tôt opéré - en pleine vague écologiste de retour à la campagne et aux fromages de chèvres antinucléaires - une « *reconquête, pour l'amusement, le défoulement, la communication, d'espaces qui avaient été conçus par les urbanistes pour le passage des piétons ou la décoration de la ville : les trottoirs, les places, les esplanades. (...). Le skate apparaît donc comme une tentative de récupération, de détournement ludique des espaces de la ville. Avec le skate, émergent de nouveaux comportements vis-à-vis de l'urbain, en rupture avec les comportements de rejet ou de fuite. (...) Le skate peut être considéré comme un mode d'adaptation à l'univers urbain, un essai pour réanimer, pour réenchanter le béton* » (Caroux, 1978, p. 34). Il s'agit bien d'une reconquête, celle des « non-lieux de la surmodernité », aurait dit, quelque vingt ans plus tard, Marc Augé, et à laquelle se sont lancés, avec un égal bonheur, les rollers d'aujourd'hui...

Danse avec les voitures

On s'accordera à penser que la voiture est désormais le dernier prédateur de l'homme. En effet, si l'homme lui-même continue à tuer plus que la voiture à l'échelle planétaire, c'est bien la voiture qui, dans les pays de civilité acceptable, tue le plus (ou alors qui blesse, estropie, paralyse). Par ailleurs, la voiture, détrônant l'homme marchant et le cheval, s'est adjugée depuis les années 50 la totalité de la vitesse des villes (ou alors il faut plonger *underground* et prendre le métro). Ce faisant, elle s'est cependant paradoxalement immobilisée, pare choc contre pare choc, dans les embouteillages (ou elle tourne en rond à la recherche d'une place de stationnement pendant que les heures passent...). Sa vitesse même l'a poussée vers l'immobilité.

En rébellion motrice, le patineur urbain, une fois sorti de son park pour s'élancer et se frayer un chemin dans la ville, part à la reconquête de la vitesse en une tentative inédite de maîtriser nouvellement la vitesse contemporaine, la rendre à l'espèce (humaine), même en ce qui concerne la ville. Il s'agit à la fois de retrouver la mesure humaine (bien que réduite par le patin) des distances et une mobilité active. Les années 60, progrès oblige, ont dépossédé l'homme de sa maîtrise de la ville et de la vitesse en confiant la gestion de la première à des experts assistés d'ordinateurs et la seconde à des machines toujours plus performantes, voitures, trains à grande vitesse, avions supersoniques, courrier électronique... C'est surtout, avec la montée des inégalités quant à l'accès à ces progrès, à l'invention de la paranoïa des villes que l'on a assisté. L'urbain menaçait l'être humain, la nature, la culture, le ciel et la terre... Dans un tel contexte, la complicité retrouvée, grâce au skating, des hommes et de leur milieu ambiant n'en est que plus surprenant et important : « *Le skate se présente comme une véritable volonté de transiger avec la ville, d'en faire un monde immédiatement habitable et où l'on puisse trouver un plaisir quotidien* » (Caroux, 1978, p. 34). En toile de fond de cette reconquête de l'espace public et de la rue comme lieu de pratiques sociales novatrices, il y a l'aliénation du « projet automobile » à partir de la fin des années 70, alors que, précisément, apparaissent nombre des premiers « néo-sports » non urbains tels que le surf, la planche à voile, l'escalade, etc. « *Notre époque consacre le divorce total entre le véhicule et le mouvement (la meilleure preuve est que l'on descend d'auto pour se «dégourdir» les jambes) ; c'est désormais en dehors de nos machines que nous cherchons le plaisir de la mobilité (ou dans de petites machines qui développent le corps plus qu'elles ne l'annulent, deux roues, vélos, motos, patins à roulettes). Bref, la tendance est aujourd'hui à la décélération générale, le* speed *est supplanté par le* go slow *; en imposant la violence de la droite, en abolissant contacts et différences, les hautes vitesses dégradent le voyage en simple translation sans* *altération. Dans le regain d'intérêt que connaissent les randonnées, marches à pied, voitures à cheval, deltaplane, vélorution, se manifestent partout le désir de quitter l'espace des sensibilités usuelles et l'envie de goûter à des allures psychiquement novatrices. La vitesse étant le visage actuel de la lenteur, allons lentement pour retrouver une certaine rapidité. L'enjeu, c'est bien sûr l'aptitude au mouvement, l'autonomie locomotrice de tous, s'il est vrai que la liberté se mesure d'abord au degré de mobilité dont chacun dispose* » (Bruckner et Finkielkraut, 1979, p. 153).

Aujourd'hui, le paradoxe occidental de la vitesse est connu : on va de plus en plus vite, on gagne du temps mais on ne bouge pas, on n'avance pas, on ne progresse pas, on tourne en rond : « *L'Occident a réussi l'exploit de ravaler le déplacement au niveau du surplace, en renforçant les instances immobiles de l'homme, en démobilisant le corps par la rédemption du siège* » (Bruckner et Finkielkraut, 1979, p. 153). Le roller, figure archétypique de la surmodernité, époque des excès de toutes sortes donc d'excès de vitesse, ou figure du dépassement de la vitesse *inhumaine* et protagoniste du retour au déplacement ? Une sorte de synthèse, certainement, un être humain appareillé mais aux prises avec les effets de son propre poids et la dénivellation du terrain. Avec les rollers, l'habitant des villes n'a plus honte de sortir de sa voiture ! C'est le corps, redevenu mobile et le muscle resurgi de dans les fesses qui sont rédemptés, contre le siège[14]. Le roller est bien un homme révolté, un évadé du fauteuil. Voilà pourquoi il fascine, pourquoi des dizaines de milliers de personnes assistent à l'épreuve de descente du

---

14 Voir à ce propos la pub des patins Oxygen en 1997. Sur la photo d'un vieux fauteuil abandonné dans la rue est inscrit : « The laws of physics dictate that : STATIONARY OBJECTS TEND TO STAY THAT WAY. Et en dessous, la photo floue d'un roller traversant l'espace...

Contest lausannois : la vraie épreuve n'est pas pour les descendeurs mais pour les spectateurs condamnés une nouvelle fois - debout cette fois-ci - à l'immobilité et à voir passer les évadés, les hors-la-loi de la pesanteur. Le roller qui dévale les pentes abruptes de villes à collines retrouve la violence de la droite mais aussi le détour par le choix des courbes. Surtout, il redécouvre le plaisir (*fun*) de décider de sa vitesse et de la violence d'une hypothétique chute. Le patineur n'atteint pas la vitesse des avions mais parfois celle des voitures quand elles peuvent aller vite - ce qui n'est plus le cas en ville, où l'on a limité généralement leur vitesse à 50 ou 60 kilomètres/heure. Mais c'est lui qui, *le plus vite*, parvient à traverser la ville...

Faut-il suivre plus avant Bruckner et Finkielkraut et penser que « *réagir à cette léthargie posturale et digestive, c'est retrouver notre animalité profonde ; soyons légers, allons à pied* » (p. 153) ? Mais ça, c'était il y a vingt ans. Aujourd'hui, pour être vraiment léger et quitter la pesanteur de l'espace urbain, allons en roller, ou en skate, en bicross, en streetluge ou en quads, mais allons en roulant... De cette relative lenteur dans le transport - une moindre vitesse théorique -, viendra la possibilité de prendre de vitesse les voitures. A Lausanne, où la haine de la voiture est institutionnelle, il serait bien venu de vaincre l'automobile individuellement, sur son terrain, à savoir la route. De plus, la sensation de dépasser les voitures en étant « à pied » - pied chaussé mais pied tout de même contre l'impossible pied au plancher des conducteurs - est inégalable : « *C'est une évidence, la sensation de griserie est plus grande à ski qu'en avion : après la conquête du macrocosme, il nous reste à pénétrer le minuscule, c'est-à-dire le divers dans son infinité* » (p. 155). Et encore, le ski et l'avion jouent dans deux catégories spatiales très différentes, alors que les voitures et les rollers s'affrontent sur un même terrain : la route. Conclusion : « *Petits chaperons rouges, reprenez le chemin du bois et cessez de confondre grand-mère avec un loup : redevenir mercuriels aujourd'hui, c'est prendre nos virages en épingle à cheveux à 2 km/h, retrouver la liesse des petites propulsions, explorer la fantasmagorie ondulatoire des courbes comme ces bambins aux planches à roulettes qui retracent au milieu de nos villes compactes les entrelacs d'un labyrinthe et les sinuosités d'un serpent de mer* » (p. 155). C'est bien le désir de réenchanter une vitesse et une motricité dépossédées de toute magie par le perfectionnement des véhicules et des moteurs qui ont décidé les rollers à reprendre la route, à se la réapproprier. Notre siècle a engendré des comportements contradictoires face à la vitesse (Virilio, 1984; Willener, 1990). Mais il s'est plutôt fait avoir par l'accélération du monde qu'il n'en a tiré des bénéfices. Reste cependant que si certains ont pu contrôler cette vitesse de la modernité et l'utiliser à leur avantage, beaucoup en ont fait les frais, obligés qu'ils se sont trouvé d'aller « aussi vite que la vitesse », sous peine d'être piétinés par la marche rapide du monde.

Par suite, il y a fort à parier que la prochaine bataille des mobiles et des immobilisés aura lieu sur le thème du transport : en acceptant le repositionnement des rollers du champ sportivo-ludique à celui du déplacement urbain, on peut s'attendre à ce que les autorités cherchent à domestiquer les patineurs comme elles l'ont fait il y a 80 ans avec les voitures, quand celles-ci roulaient encore librement. On parle déjà, dans certains pays plats où les rollers font partie du paysage au même titre que les vélos d'une législation, de permis de roller, de plaques d'immatriculation et du port du casque obligatoire (mais pas de ceinture de sécurité !)[15].

---

[15] Il y a quelques années, l'association des rollers lausannois La Fièvre qualifiait d'*antisociale* une proposition de « permis de conduire » pour les patineurs hors-piste (24 Heures, Lausanne, 27.5.95).

Comme le déclarait le conseiller municipal lausannois délégué à la Police et aux Sports, « *les rollers ne sont pas censés rouler sur les chaussées où il y a des voitures et ils doivent se déplacer au pas sur les trottoirs pour ne pas mettre en danger les piétons. C'est la loi sur la circulation routière. Dans la pratique, les choses sont différentes. La loi n'a pas changé avec l'évolution du phénomène et pour certains, le roller est devenu un moyen de déplacement* » (Journal de Genève, 14.10.97).

On le voit la *mise au pas* des rollers est projetée. Le patineur sauvage aura de la peine à pratiquer son jeu favori dans la jungle pacifiée. L'idéal, pour ceux dont le métier et le souci sont d'organiser les différentes motricités qui cohabitent sur le territoire de leur commune, est, une nouvelle fois, de freiner, de ralentir, voire de stopper ceux dont la vitesse est une prise de liberté. Mais cette liberté ne se prend pas sans qu'il n'y ait aussi prise de risque et l'on ne peut éviter d'aborder la question de la dangerosité de ces pratiques. Le hors-piste urbain, qu'il soit le fait de rollers ou de skateboarders, n'a aucun intérêt sans un minimum de prise de risque. Il s'agit alors de parvenir à gérer une contradiction fondamentale de l'homme, particulièrement à l'œuvre chez l'adolescent et plus encore quand il s'agit d'un *rider* agressif, à savoir le rapport paradoxal au danger : le patinage urbain, skateboarding ou rolling, comporte des risques évidents sans lesquels il ne présenterait d'ailleurs pour nombre de jeunes qu'un intérêt tout à fait relatif. Mais « *il semble que cette prise de risque - calculée, puisque chaque skatiste se soumet à des règles de sécurité très strictes qui le conduisent à se carapaçonner - caractérise, pour le jeune, l'univers du skate contre l'univers sans risque auquel veut le soumettre l'adulte. Le premier reproche que l'on ait fait aux «jeunes» skaters est finalement de vouloir se réapproprier leur vie et la possibilité de la risquer. Fantasme propre aux «materneurs» que nous sommes tous plus ou moins devenus car les accidents les plus fréquents ne sont que des fractures du poignet ou du coude. Rien à voir avec les risques que l'on prend en montant dans une voiture !* » (Caroux, 1978, p. 35). Quelques années plus tard, un autre observateur de la glisse urbaine rejoignait cette analyse car « *le fait d'offrir à des enfants, de plus en plus souvent élevés dans du coton, leur propre autonomie, ne pourrait que leur être salutaire* » (Bessas, 1982, p. 168).

Vingt ans après et le basculement de l'ensemble des sociétés occidentales dans le risque (social, économique, politique, technologique), on peut penser que, plus qu'un refus de la sécurité parentale, c'est plutôt son deuil et son dépassement que signifie l'actuelle prise de risque des patineurs et autres sportifs « x-trêmes », une façon aussi de se réapproprier leur vie mais en choisissant une autre façon de la risquer que le chômage longue durée, le sida, la toxicomanie...

Ce qui peut exaspérer les moins mobiles de nos concitoyens, c'est que certains parviennent à détourner la logique négative de l'accélération sociale à leur avantage, en en jouant et peut-être même en en faisant un métier : « *Sachant anticiper ses mouvements et comme se précédant lui-même* » (Bouet, Autrement, 1994, p. 61), le patineur urbain agit librement en étant son propre ouvreur de piste... Dans un monde obsédé par son basculement vers la précarité et l'imprévisibilité (quand on vient de passer presque cinquante ans à construire l'image de la prévisibilité totale), cette capacité à maîtriser, au-delà de son propre emballement, la vitesse qui nous emporte, comme la vague qu'il faut surfer et non pas tenter d'affronter, ni de stopper - cette capacité détonne donc : « *Stupéfiante, dans ces conditions, devient la quête forcenée du comportement incertain, du degré improbable, du niveau problématique, des stades aléatoires.*

Comme si la performance s'était muée en détournement des espaces-temps habituels » (Loret, 1996, p. 18).

Passe encore que l'on produise son propre vertige à l'intérieur des stades ou sur des terrains prévus pour ça. Mais quand il s'agit de soumettre la ville même, ses usagers, les voitures, les parcomètres, les chiens en laisse, leurs crottes, les trottoirs mouillés et les bouches d'égouts au désir de glisser, c'est qu'il y a véritable tentative d'évasion, non plus de sa propre évasion qui serait une limitation mais de la ville elle-même, que l'on essaie de faire échapper à sa mauvaise réputation contemporaine. Il y a détournement des espaces urbains mais comme le ferait un pirate de l'air détournant un avion : le roller leur donne une autre « direction », les force à le suivre.

Enfin, c'est le mode de déplacement, les transports urbains qui doivent être reconsidérés, sous le soleil des rollers. En effet, si les véhicules à moteur ont fait la preuve de leurs limites sociales, pourquoi la conquête de la vitesse adéquate par les glisseurs ne les prédisposerait-elle pas à devenir les archétypes des voyageurs du siècle prochain ? Beaucoup de rollers considèrent déjà leur pratique comme un moyen de locomotion avant tout.

Pourtant, les problèmes juridiques que pose actuellement le choix modal des hors-la-loi de la pesanteur et le fait qu'ils restent précisément illégaux dans de nombreuses villes montrent bien que nos sociétés ne sont pas encore prêtes à renoncer à leurs voitures. La Ville de Lausanne, mais son cas n'est pas unique, a adopté à l'égard du phénomène des sports de glisse urbains une attitude que nous qualifierons d'ambiguë, voire de schizophrénique. La valse-hésitation des policiers et magistrats, un jour bienveillants, un jour croque-mitaines, ne facilite en effet pas la bonne insertion du roller dans le trafic urbain. Mutant moderne de la motricité non motorisée, le patineur n'est, il est vrai, ni piéton, ni véhicule. À ce double titre, il ne saurait être accepté ni sur les trottoirs, ni sur la route. La conclusion « naturelle » que les autorités souhaitent donner à ce constat est qu'il faut « placer » le roller dans un lieu fait pour ça. Les skateparks sont la forme qu'ont prise actuellement ces lieux qui tiennent à la fois de l'entrepôt et de la salle de gym, les tenanciers de l'établissement oscillant quant à eux entre éducateurs de rue et patrons de PME en raison de leur double tâche : premièrement « sortir » les rollers de la route et leur donner un gîte couvert et raisonnablement sûr, et, deuxièmement, s'assurer, par ce travail social, un revenu qui leur permette d'être des entrepreneurs autonomes.

Ces doubles identités des uns et des autres ont fait que les lieux du patinage en ligne et du skating, qu'il s'agisse des *spots* aléatoires offerts par l'environnement urbain ou des « salles d'entraînement » municipales ou privées, rampes ou skateparks, seront définis comme des espaces *intermédiaires*, au sens que lui donne Laurence Roulleau-Berger (1991), des lieux au statut provisoire et à l'existence précaire, remplissant une fonction sociale à laquelle aucun autre espace ne répond mais dont l'existence ne peut être reconnue officiellement, pour diverses raisons (Calogirou, 1996). Nombre de ces lieux sont dédiés à la culture contemporaine et à ses expressions musicales ou plastiques. Pourtant, ces espaces, friches - culture en friches - sont des laboratoires sociaux, culturels et, dans le cas des skateparks, des pistes d'essais des motricités futures.

Connaissance du sol

Sport ou jeu, « *le skate est aussi un acte d'occupation des espaces publics, même si c'est d'une manière problématique. Il est promu par une catégorie de jeunes qui revendique sa visibilité, son audibilité et sa distinction* » (Calogirou et Touché, 1995, p. 46). Aujourd'hui, pour des raisons historiques et culturelles très variables, la plupart des villes du monde peuvent s'attendre à recevoir les mêmes critiques que celles que les futurs Situationnistes pouvaient faire à Paris dans les années 50 : « *De tout point de vue autre que policier, le Paris d'Haussmann est une ville bâtie par un idiot, pleine de bruit et de fureur, qui ne signifie rien* » (Debord, 1955, p. 11). Aussi il faut être reconnaissant aux rollers les plus aventuriers d'avoir, sans rien enlever à la ville de sa fureur et de son bruit qui, après tout, sont caractéristiques de l'ambiance générale, réussi à redonner une signification affective à la ville, et de l'avoir donc rendue moins idiote. Car personne n'est moins idiot qu'un roller dévalant une rue en pente : seule, en effet, une remarquable intelligence pratique - la fameuse *techné* des Grecs antiques - lui permet de glisser jusqu'au bout sain et sauf. Cette intelligence lui vient de sa parfaite connaissance du sol : « *Dans la rue, le skater est capable de reconnaître l'état des goudrons. On est capable de parler de revêtements pendant des heures. On a nos mots pour parler des vibrations qu'on sent sous nos pieds. Le goudron, c'est devenu un élément, le bois aussi, on fait corps avec eux pour glisser dessus... Pour le bois, il y a des rampes molles qui répondent mal sous les pieds... il y a des rampes plus dures et glissantes... À la montagne, la neige peut passer de poudreuse à hyper verglacée avec toutes les variantes entre les deux, pareil pour les revêtements de rue...* » (un skater cité par Calogirou et Touché, 1995, p. 43).

Il n'est qu'à lire les magazines de glisse pour se rendre compte de la connaissance intime que le roller a de la route comme élément. Un exemple parmi d'autres, le compte-rendu de la descente (*downhill*) du contest de Lausanne en 1997 par un journaliste de Crazy Roller : « *Le downhill à Lausanne, c'est toute l'année. Le goudron, c'est du billard, les trottoirs aussi larges que les routes, les rues que des autoroutes (j'exagère à peine), des feux tricolores largement contrôlables... et surtout tout cela en pente bien sûr. Le rêve quoi (...). Ce qui n'a pas empêché quelques tôles : « je me suis enroulée autour d'un arbre et j'ai un peu mal à la tête », Cathy Chauvel (...) une autre rideuse s'est éclatée l'épaule, une autre encore a embrassé l'asphalte (je la comprends, il est tellement bon)* »... Du goudron et des plumes : le goudron pour y rouler vite, les « plumes » pour fournir les ailes imaginaires qui seules permettent de voler dans la ville, quitte à y laisser ... des plumes !... On trouvera de nombreux exemples de ces relations intimes entre l'homme-roller et la matière-asphalte dans la presse spécialisée. Autre exemple, le magasin de Ivano – « champion du monde » du hors-piste lausannois - s'appelait précisément Asfalt Shop. Le goût du goudron... Le patineur parvient ainsi à saisir ce que Jean-Paul Sartre (1971), appelle « l'extériorité pure, la spatialité radicale », « l'en-soi qui n'est qu'en soi ». Le philosophe parle du champ de neige, mais on peut transposer au « champ d'asphalte » sur lequel glisse le *rider* : il est impossible au patineur de s'en emparer, il ne peut qu'y passer en vitesse. Mais ce passage lui permet pourtant d'en comprendre l'essence : c'est l'inhumain, tout ce que l'homme n'est pas, la matière qui lui est la plus étrangère et pourtant celle qu'il est aujourd'hui condamné à connaître le mieux, son biotope, la ville, son environnement *construit*... Seuls jusqu'à présent des poètes avaient ainsi aussi radicalement exploré la ville. C'est pourquoi on peut dire qu'au sens que lui donnaient Baudelaire (1860), puis Walter Benjamin (1971), le patineur, mais surtout le skateboarder dont les mouvements ondulatoires correspondent mieux à la déambulation et à la nonchalance, sont des flâneurs. Mais ce qui a changé depuis lors, c'est que leur flânerie, si elle reste poétique, n'est plus empreinte de spleen ni d'angoisse de la foule, elle est conquérante, c'est une déambulation, une errance relative qui ne permet pas la dérive absolue et l'oubli de soi, ou plutôt qui ne permet qu'une dérive parfaitement maîtrisée - paradoxalement maîtrisée : c'est le skater qui dérive dans la ville, de *spot* en *spot*, mais pas sa planche, pas ses patins, sans quoi il chuterait et mettrait fin brutalement à sa rêverie. Le *rider* est un flâneur *agressif.* Il ne se laisse pas commander par la nature du terrain comme le ferait le vrai flâneur baudelairien, qui se laisse dicter sa route par la topographie et l'ambiance des lieux. C'est lui qui commande au terrain et aux lieux, lui imposant sa flânerie, son glissement d'espace en espace. Par la continuité et la fluidité de son mouvement, mais aussi par ses sauts, ses décollages, ses ruptures de style, il procède à un nouveau « marquage de zones », affectif, sensible aux aléas et aux qualités des lieux. Les affaires de glissements et de résistances, de frottements et d'inerties sont vécues intimement par les patineurs. Ils ne peuvent jamais, dès que la pratique est initiée, se détacher du sol, au sens où ils pourraient même un instant s'en désintéresser. Même quand ils s'en arrachent, quand leur ombre se détache du bitume, ils restent en contact. C'est un aspect physique - le touché, la vue - qui a son importance. Le geste de l'envol ou de la glisse n'est possible que parce qu'il y a *résistance* du sol : on ne s'y enfonce pas comme on risque de le faire dans l'eau et la neige, la « négociation » avec l'environnement se fait donc selon des termes différents. On peut aussi se heurter à l'un de ces obstacles minuscules dont la présence, à la surface de la route ou en bordure de celle-ci, peut mettre fin à la course ailée et transformer le corps du roller en « pizza » !...

La traversée de la ville

On ne peut nier le caractère fusionnel de la relation entre l'adepte du hors-piste urbain et l'environnement construit. Chaque *downhill* célèbre, selon l'expression de Antoine Maurice, « *la fusion ; les épousailles de la nature et de l'homme dans l'exploration ludique des limites* » (1987, p.77), ici celles de la ville et du patineur. Cette connaissance « conjugale » qu'a le skater de la rue en fait un expert des questions urbaines, car, s'il est probable qu'ils ne liront jamais un traité d'urbanisme - ni même le moindre néo-polar français qui est un efficace révélateur de réalité - les skaters ont en eux des bibliothèques entières de sociologie urbaine. Leur connaissance intime de la qualité de la ville est impressionnante. Il n'est qu'un Pierre Sansot pour parler aussi bien de la matière urbaine, de la qualité du bitume, du béton, du fer, de la pente... Voilà la vraie approche qualitative de l'environnement construit, sans laquelle « *l'intelligence n'est qu'une marotte d'imbéciles* » (Vaneigem, 1967, p. 205), imbéciles parfois très savants parmi lesquels il faut bien compter grand nombre de ceux qui se sont entichés de planification urbaine et qui ne savent rien de ces minuscules choses prodigieuses qui donnent au milieu construit sa qualité inimitable et sa beauté. En roulant sur la chaussée, en traversant la ville, le roller parvient à redonner sa part humaine à l'espace urbain. Il parvient à faire resurgir la cité, milieu social, de l'environnement urbain, milieu construit. Là où il passe, les trottoirs, le revêtement de goudron de la route, les escaliers de pierre, le béton des murs, le métal des barrières, des grillages, des hangars, la peinture jaune écaillée des passages piétons, les panneaux routiers, les murs des maisons, même les carcasses des voitures stationnées pour la nuit, tout fait sens, la ville existe. La massive matière de la ville se découvre une âme, un esprit, une culture. Il n'est pas un seul des mètres carrés parcourus par le roller qui n'ait été *requalifié* par son passage : d'espace « sans qualités », le voilà nouvellement qualifié ; d'espace de circulation, de travail ou de logement, le voilà devenu, par la grâce de celui qui en a fait ses *spots*, espace de jeux, de détournements, de reconversion ludique... Le patineur glisse sur la ville, se glisse dans la ville... L'asphalte est un microcosme qui vit, change, se transforme, se déforme, est glissant ou collant, vite ou lent. Seuls les cantonniers et les skaters le savent vraiment. Ainsi, « *les configurations indéfiniment variées dans lesquelles elle se présente requièrent des mouvements structurés en correspondance exacte avec cette matière multiforme, toujours différenciée (contrairement à ce que soutient Sartre)... et qui est par là, en un sens, si peu matière* » (Bouet, Autrement, 1994, p. 62). Si peu matière et tant esprit... C'est la gratuité de leur présence, le fait que leur passage ne soit dicté, sauf nécessité de transport, par aucune utilité ni fonctionnalité, qui permet aux rollers d'être, à ce point, des ré-enchanteurs de l'espace urbain. Le fait même de ne pas *devoir* être sur la route les rend magiques et, paradoxalement, est leur seule justification à être là : « *Quand on est sur une route, on n'a rien à y faire ! Une fois qu'on a pris conscience de ça, on peut y aller* » (Ivano Gagliardo, roller heroe, in : 24 Heures, Lausanne, 27.11.95).

On peut glisser. La ville est l'ultime terrain vague, la dernière place de jeu sauvage. Pour cette raison, la plupart des *streeters* ne désirent pas bénéficier de « pistes rollables » qui en feraient des gens à leur place, des gens en place, une place qui, ainsi désignée par les autorités et qu'ils devront alors tenir - comme on tient son rang - les condamnerait à un prompt désenchantement. Quant à la chute (hypothétique, probable...), elle est simplement déduite du mouvement et de la pente. Elle est l'une des hypothèses du glissement combinée aux données de l'urbain, une manière, encore une fois, en y goûtant, de rendre hommage au goudron.

Les retombées malheureuses

L'expérience roller, l'expérience de la glisse en général, est cette lutte pour garder un équilibre toujours menacé, pour préserver de la chute un corps en liberté provisoire. Cette lutte est d'autant plus dure que le lutteur qui, d'une part, voue le moindre de ses efforts au maintien de son équilibre, fait, d'autre part, dans la pratique, tout pour tomber. Car garder son équilibre en marchant est aussi passionnant que de ne pas tomber une fois assis dans un fauteuil ! L'intérêt du patinage est de frôler la chute, de la chercher mais de parvenir à l'éviter (à *léviter* ?).

L'expérience vécue du skater est cette chute suspendue, cet envol au-dessus du vide, ce déséquilibre toujours possible, toujours retardé mais aussi toujours à venir. Conserver son équilibre sans sentir la menace - et même : avoir la certitude - que l'on puisse tomber (ou mal se recevoir) n'est tout simplement pas un exercice de glisse. De plus, cette menace, cette certitude, doit se lire dans les yeux de ceux qui vous regardent voler, vous immobiliser une fraction de seconde en plein ciel (ciel de tôle ondulée du skatepark - mais les kids ont le ciel qui leur correspond) puis retomber, mais rejaillir, pour un coup de pied à la lune new school... « *Le sens de l'équilibre ici domine, sens « noble » si l'on considère déjà sa position anatomique (...). Promptitude et improvisation continuelle sont les qualités requises par cet équilibre subtil* » (Bouet, 1994, p. 61). Ce qui est présent dans les exercices corporels l'est aussi dans les têtes et les attitudes : l'équilibre, la noblesse, l'improvisation. C'est progressivement vers une conquête de l'incertitude urbaine contemporaine que s'acheminent les glisseurs. Surfer la rue, surfer les péripéties quotidiennes, surfer le chaos mortel du monde actuel... « *Les maîtrises sportives sont déportées des cadres balisés vers des sites incertains, extrêmes, que l'on transforme, que l'on traverse, que l'on transgresse. L'improvisation devenant la règle, les habilités sont indéterminées, rejetant progressivement l'expertise sportive dans les domaines de la simple sécurité* » (Loret, 1996, p. 18). Mais ce qui fait la beauté du geste est sa nécessité. Qu'il soit approximatif et voilà le patineur à terre, atterré, le surfer buvant la tasse. « *Si le patineur aborde une évolution avec trop d'élan, la force centrifuge le renversera (...). Le nouveau sportif traite en permanence avec les éléments naturels. Ceux-ci sanctionnent ses erreurs s'il les néglige. La sanction n'est pas la catastrophe différée, l'épée de Damoclès dont s'alarment les écologistes, mais un accident individuel, immédiat et parfaitement éprouvé dans ses effets physiques* » (Maurice, 1987, p. 75). Le respect pour la force des éléments que l'on veut surmonter est obligatoire. Mais cela ne veut pas dire que l'on ne va pas essayer de soumettre ces éléments, d'être plus fort qu'eux. Le sage chez les néo-sportifs n'est pas, comme pour Confucius (ou Clint Eastwood), celui qui connaît ses limites mais celui qui, les connaissant, décide de les franchir tout en les respectant : « *Le sportif s'appuie sur les limites physiques tangibles ; son propos est de les explorer - aller par jeu à la rencontre de la limite - en partant d'une connaissance et d'un respect positifs et opératoires de la limite. (...) La limite étant constitutive du jeu, elle est constitutive du plaisir* » (Maurice, 1987, p. 76). Nous sommes faits de limites et les limites sont faites de nous... Le sport extrême est une « perversion » de ce respect des limites : il s'agit de nier la force des éléments, de les vaincre, ne pas tenir compte des limites...

Détacher son ombre du sol

En feuilletant même distraitement n'importe lequel des magazines de sports de glisse - surf, windsurf, snowboard, etc. - on remarque qu'y est valorisé « *un unique critère : le vol. Plus précisément le vertige né d'un déséquilibre maîtrisé résultant d'un décollage* » (Loret, 1997, p. 4). Cette valeur du vertige n'est pas propre aux nouveaux sports. Elle semble être au cœur de toute pratique ludique et à l'origine du sport. Roger Caillois en a parlé très tôt. Le vol n'est qu'une manière de prolonger au maximum ce vertige du jeu. Car l'expérience du patinage urbain est, très exactement, un simulateur de vol puisque ce qui est tenté dans un *downhill* ou mieux - parce que la descente oblige le roller à « se poser » en permanence - sur une rampe, dans un *run*, ou dans le *jump* a fortiori, c'est bien la simulation d'un envol, la virtuosité du « pilote » permettant la plus ou moins bonne réception, partant, une simulation plus ou moins réussie. Mais il s'agit, même s'il y a chute à l'atterrissage, de voler, de sentir le plus intimement possible, ce moment chaque fois répété mais unique, de l'instant où votre ombre se détache du sol (Del Guidice, 1996). Le glisseur expérimente de nouvelles sensations et de nouvelles relations avec le milieu ambiant. Il acquiert, à force de pratique, une expérience de la glisse à la fois physique (sensuelle) et morale. Cette expérience double est fondée sur le glissement lui-même comme action individuelle mais aussi sur l'expérience de l'accélération et de la vitesse qui est une action sociale puisque l'on va vite par rapport à ce qui va lent et dans un certain contexte, et non pas « en soi ». Il est évident que la vitesse est un ingrédient commun à tous les nouveaux sports de glisse. Celle-ci peut être considérée, littéralement, comme une vitesse de libération : on quitte le sol, on échappe à son milieu, mais sans le perdre de vue et l'on peut ainsi mieux calculer la distance à la fois courte et infinie qui nous sépare du commun des mortels resté sur terre. Pendant tout le temps que dure - subjectivement - le saut ou l'envol, la figure, le temps est, lui aussi, suspendu, de sorte que « *l'apesanteur physique s'y accompagne d'une apesanteur temporelle qui magnifie le plaisir* » (Maurice,

1987, p. 74). Un ange passe ; il n'est pas sûr qu'il soit sponsorisé…

Imaginaires de la vitesse folle

La chute, même pour les meilleurs, reste toujours possible. Et si elle participe du plaisir de glisser puisque l'envol ne serait rien sans cette possibilité, elle n'en est pas moins un élément de mort dans un mouvement de vie. L'envol, l'apesanteur, le hors-piste, l'extrême, le risque, le danger, sont en effet une tentative de vol libre, mais aussi un moyen d'essayer de mourir un peu, de jouer avec les limites physiques du corps, afin d'évaluer à quel point on est vivant. « *Pour réaliser ces performances extrêmes, il faut que l'être puise des ressources dans des dispositifs psychologiques d'exception, qui se mettent à fonctionner en cas de danger mortel. Cette capacité de recourir à ce dispositif réactionnel s'accompagne d'une expérience particulière sur laquelle les témoignages concordent : temps et espace se confondent, laissant l'impression que l'épreuve a duré dix fois plus que ne le mesure le chronomètre ; le sujet se voit en train d'agir et de décomposer ses mouvements* » (Midol, 1992, p. 59). Le chronomètre dit faux, puisque les sensations sont vraies. Selon la psychologue du sport Nancy Midol, c'est là une « *expérience qui oblige à repenser le temps, comme les univers, dans la multiplicité* ». Elle va même plus loin : « *L'expérience de la transe s'est produite dans la situation de danger mortel, quand le corps, lancé à une trop grande vitesse pour que la conscience habituelle puisse avoir une efficacité, est obligé de fusionner avec le milieu. Le sentiment cosmique est une sorte de jouissance orgasmique dans laquelle le corps semble planer au-delà de ses limites : c'est l'«éclate». Le sujet semble être dans l'état d'avant que la conscience ait pu introduire son fonctionnement réflexif* »

(Midol, 1992, p. 60). On parle là des cas X-trêmes. Mais il y un peu de cela dans toutes tentatives de *se dépasser*. Se dépasser, c'est revenir à un état de communication antérieur à l'humanité. Le *fun* est cet oubli des limites de notre agir communicationnel, quand on bascule de la peur à la jouissance aiguë de nos sens. Évidemment, pour que l'homme ne soit pas vaincu par la technologie dans le défi qu'il lui a lancé, il lui faut la maîtriser et ne pas la fétichiser. En cela, le roller est encore capable de contrôle, de maîtriser sa volonté d'abandon, le désir si contemporain d'offrir son corps aux rythmes de la machine...

La poursuite du vertige par la prise de risque n'est pas exempte d'une conscience des dangers. On s'en rend compte en discutant avec les rollers, en lisant les magazines et les règlements des skateparks. Ainsi, l'édito du magazine Ride On de mars-avril 1997 intitulé « Live fast, die young ? » et écrit après la mort d'un surfer et celle d'un skater, s'interrogeait-il sur les valeurs de l'extrême : « *C'est vrai que les belles photos, qu'elles soient de skate, de surf ou de snow, ça fait toujours rêver. Mais combien de fois vous êtes-vous demandé ce qui allait advenir du surfer dont la tête allait être pitchée par une lèvre d'un mètre d'épaisseur ou du skater qui allait se fracasser les burnes sur un handrail ? (...) Parfois la réalité des choses rappelle tout le monde à l'ordre et pas toujours de la manière la plus cool. Todd Chesser et Dave Perry en ont fait les frais (...). Est-ce là le prix à payer d'une passion dévorante ? N'était-ce qu'un abus de confiance, ou un manque de respect envers mother nature ? (...) Rien n'a empêché ces deux accidents d'arriver. Lorsque la nature vous rappelle à l'ordre, il n'y a pas double mesure. Une seule sanction : la mort. On ne réalise pas toujours les risques encourus pendant la pratique de ces « sports ». C'est dire à quel point les sensations ressenties sont uniques et incomparables. Une chose est sûre, c'est qu'il faut mettre toutes les chances de son côté. Une bonne connaissance du milieu naturel dans lequel vous évoluez, ainsi que de ses propres limites sont les bases certaines pour éviter ce genre d'accident. Même si parfois, hélas, elles ne suffisent plus. Ne tombons pas non plus dans les clichés qui veulent que les skaters, les surfers et autres snowboarders risquent leurs vies à chaque session. Après tout, quoi de plus beau pour un surfer que de disparaître avec une vague. Alors prenez le temps de méditer, réfléchissez, mais surtout continuez* ». Le discours de prévention est ambigu : prenez garde mais allez-y à fond !... Ou alors il ne l'est pas du tout : courez, dansez, embrassez qui vous voulez, même le diable si vous pouvez !

À Lausanne, « *capitale des kamikazes du patin* », selon le quotidien 24 Heures, les downhills obligent les glisseurs à flirter avec le danger. Pas moyen d'y échapper, il découle de la pente, de la vitesse et de la relative fragilité des os humains... À Lausanne, « *la descente en roller met le risque extrême à la portée de tous* » (Journal de Genève, 25-26.11.95). Le problème est que tous n'ont pas la virtuosité nécessaire pour maîtriser la pente et les virages, les qualités très variables de bitume, les voitures peu habituées à partager leur espace vital, les bus, les policiers, les piétons sur les trottoirs, tout cela parfois sur des rues à 22% et à plus de 60 à l'heure !... Les accidents bénins ou graves se chiffrent par centaines. Mais le rite de la descente est incontournable pour le roller lausannois et les blessures contribuent fortement au capital symbolique du glisseur, ce qui ne facilite pas le discours de prévention des organisateurs de courses et les responsables des skateparks. Ceux du HS36 de Lausanne ont édité plusieurs feuillets d'informations à ce sujet. Dans celui intitulé « Skate Cool : respect, tolérance et maîtrise », on peut y lire notamment les « Commandements pour un maximum de sécurité et de plaisir » dont : « *Le code de la circulation tu observeras et aux feux tu t'arrêteras* » ; « *Ta vitesse sans cesse tu contrôleras* » ; « *Couvert tu sortiras : casque et protections tu porteras* », etc. - pour les *riders*. D'autres recommandations sont adressées aux automobilistes et aux piétons, pour finalement conclure : « *Les skaters doivent apprendre à se comporter en personnes responsables* ». Dans un autre feuillet intitulé « Skate Cool : Total respect » (1997), à noter cette recommandation aux piétons : « *Les skaters vont plus vite que votre ombre... Laissez-les choisir leur itinéraire, ils vous laisseront choisir le vôtre ! Ne les prenez pas tous pour des têtes brûlées* ». Le message de prévention est clairement destiné aux non roulants. Conclusion : la maîtrise, ça s'apprend des deux côtés !

Malgré cela, même les *riders* les plus radicaux réfutent l'image de fous roulants jouant au chat et à la souris avec la mort. « *On n'est pas des fanas de la mort (...). C'est comme skier hors piste : ce n'est pas parce que l'on s'éclate ainsi que l'on aime les avalanches* », déclare l'un des pionniers du downhill lausannois et premier président du Contest de Lausanne (Nouveau Quotidien, 3.3.95). Pourtant, un autre spécialiste du in-line confesse : « *Personnellement, je me suis toujours beaucoup blessé* ». Il reconnaît également que « *à 70 km/h parmi le trafic automobile, le danger existe, il rend le plaisir plus fort* ». Cela, juge-t-il, ne fait pas de lui un marginal : « *Nous sommes des centaines de la sorte et très peu d'entre nous évoluent en marge de la société. Nous vivons seulement plus vite car nous sommes plus mobiles*" (Journal de Genève, 24.8.95). La vie vite est risquée et les rollers de street, pour vouloir l'accélérer encore, passent aujourd'hui pour des bandits. « *Ils sont tous pris par la même urgence. Celle d'avaler le bitume. De transformer les zones balisées en espace de liberté. «Le roller, c'est la quatrième dimension. Tu sors du triptyque boulot-pognon-dodo» explique un organisateur du [contest de Lausanne]. Il y a de la contestation dans le roller. Comme une envie de donner un autre sens à la ville. un autre sens à la vie. De glisser là où les autres piétinent. De casser la routine* » (Construire, 10.8.94). Tout le contraire de la mort, mais un jeu pourtant ambigu avec les pulsions vitales... Mais la mort reste une perspective suffisamment abstraite, trop certainement, pour que l'on ne puisse pas en faire un simple argument esthétique. Par contre la peur est, elle, quelque chose de plus concret et qui parle aux glisseurs, même si, dans un monde que l'on sait plutôt macho, il ne soit pas habituel de l'avouer. Ni chez les rollers, ni en général chez aucun autre glisseur. Dans une interview accordée au même magazine Ride On cité plus haut, le surfer américain Shawn Briley, 22 ans, parle de la peur :

« *Ride On : Tu viens de signer avec un nouveau sponsor : No Fear (...) Es-tu quelqu'un qui ne connaît pas la peur ?*

S.B. : Oh non, je connais !... Il y a une citation de la Bible qui dit « L'homme sage aura peur de Dieu! » (...) Aujourd'hui j'ai un peu cette image du type qui ne craint rien, mais c'est vrai que je suis en confiance avec l'océan. Il donne la vie et il prend la vie. Quand ton heure est venue... (...).

R.O. : De toute façon, tu sais ce que tu fais ?

S.B. : (long silence, il semble sincèrement réfléchir)... Oui... Je sais ce que je fais ! »

Et encore, il s'agit là de l'un des surfers les plus *trashs* de la « big wave » (il le dit lui-même) !...

Poétique du patinage urbain

La vitesse, le glissement, l'envol et cet arrangement particulier avec la pesanteur font de ces sportifs étrangers au sport - certains d'entre eux, en tout cas - des poètes au sens où leur agir sportif est poétique avant que d'être sportif ou même ludique. Ce n'est pas une façon de parler. En effet, le poétique - contrairement à la poésie - est autant possible, bien que peu présent, dans le sport que dans la littérature. Mais c'est précisément ce qui en fait le prix. On est en droit de l'attendre dans la littérature mais quand il surgit dans le sport, il est plus fort que tout, que tous les sponsors, les trucages, les magouilles, les enjeux économiques...

Le problème est que les sportifs, tout à leur effort ou à leur réussite professionnelle, oublient le plus souvent qu'ils sont capables d'être poétiques sur le terrain, la neige, la vague ou la route. Dès lors, on ne peut que constater que « *ce qui a manqué jusqu'à présent à la créativité spontanée, c'est la conscience claire de sa poésie. Le sens commun a toujours voulu le décrire comme un état primaire, un stade antécédent auquel devait succéder une correction théorique, un transfert sur l'abstrait (...). Or la créativité spontanée porte en elle les conditions de son prolongement adéquat. Elle détient sa propre poésie* » (Vaneigem, 1967, p. 201). Dans le champ néo-sportif, les conditions du prolongement de la créativité spontanée sont le refus radical de l'association et de la fédération, le refus de l'entraîneur tel qu'il se pense dans les écoles du sport et du management, le refus d'un espace particulier pour la pratique ludique de l'activité sportive, d'un équipement, d'un terrain, le refus surtout des règlements au profit de la construction et du respect des valeurs auto-instituées, à l'usage du groupe ou de l'individu lui-même suivant ses propres règles. Dans ce cas-là, mais dans ce cas seulement, le sport détient sa propre poésie, le sens profond, la certitude de sa gratuité. Car, à l'endroit que le néo-sportif a choisi pour exercer ses activités, - le spot – « *en cet espace-temps privilégié, [il le sent] bien, être réel [le] dispense d'être nécessaire* » (Vaneigem, 1967, p. 201), d'être utile, indispensable à une équipe, par exemple, une nation, des supporters, des sponsors...

Les enjeux symboliques et économiques de son activité devraient l'obliger à la penser en fonction de ses implications futures comme d'ailleurs de son investissement dans le passé. C'est cela qui est refusé : le sport a besoin de présent, n'a besoin que de présent. Pourquoi entend-on à chaque époque les anciens footballeurs se plaindre que l'on jouait mieux avant, que le jeu était plus beau ? C'est parce que le football est un sport de la nostalgie, celle du père notamment, qui se traduit par l'accumulation de références statistiques, de résultats, d'albums souvenirs, de petites figurines Panini, l'équipe du DEL Salvador, Mexico 1970, Haïti, Allemagne 1974, le Danemark, Espagne 1982, etc. - Léonidas, Bava, Rivera, Fillér, tout ce qui, un jour, reste du père amateur de football, et de son fils, collectionneur des meilleurs souvenirs paternels... Le football, mais aussi le base-ball dans l'histoire américaine, est forcément appris du père, d'une manière ou d'une autre : on est footballeur parce que notre père l'était ou alors parce qu'il ne l'était pas mais jamais *en-dehors* du père. Le base-ball, parce qu'il est un sport de statistiques qui ne peut être enseigné à l'enfant que comme une science est peut-être celui qui, le plus au monde, repose socialement et culturellement sur la relation père-fils, ou plutôt « *le lien onirique entre père et fils* » (Blaise, préface à : Kinase, 1993). Aujourd'hui, le skate est le sport d'une génération spontanée de sportifs, un sport « sans père », et ne peut pas reposer sur une connivence transgénérationnelle. Un jour, peut-être que le skate sera un sport de la nostalgie, comme le surf des pionniers californiens aujourd'hui grands-pères l'est devenu. D'ailleurs, le patin agressif d'avant les sponsors a déjà ses nostalgiques. Mais pour l'essentiel, la glisse est un sport du moment présent : il n'y a que *cette* descente, ce mur, cette barre, cet escalier, il n'y a que ce bond maintenant, il n'y a que cette chute, cette glissade, ce glissement. Maintenant. Sans référence aux gestes de hier, ni anticipation des gestes de demain. Le skater ne prépare pas véritablement l'activité du lendemain. Le travail du footballeur - qu'on opposera au skater en tant que figure archétypique de la répétition - est à 99% un travail d'ouvrier spécialisé !... Spécialisé dans la reproduction millimétrée des gestes appris et travaillés sous le regard sévère de l'entraîneur, ce contremaître du sport, ce « petit caporal » de centre de formation des corps.

Mais pour le pratiquant des nouveaux sports, s'il n'a pas été reconquis par l'idéologie sportive dominante qui est encore celle de la fédération et de l'association corporatiste (pas d'Association Suisse de handball ET de pétanque, par exemple) et hiérarchique (Président, dirigeants, manager, coach, aide-entraîneur, etc. jusqu'aux joueurs, du capitaine aux « sans grade »...), son plaisir est dans la capture jamais acquise des moments présents : « *La conscience du présent s'harmonise à l'expérience vécue comme une sorte d'improvisation* » (Vaneigem, 1967, p. 201). De savoir que le geste exécuté ne sera plus jamais reproduit, ni même imité, que le prochain geste sera forcément autre parce que le jour, l'heure, la minute ne sera plus la même, fait la saveur de ce geste. Le patineur, hyper conscient de la valeur de chaque seconde passée à pratiquer passionnément, goûte deux fois ces moments : premièrement de les avoir vécus, deuxièmement de les savoir uniques, non reproductibles. La saveur de la glisse vient également du fait que, contrairement à ce qui se passe dans les sports collectifs, l'improvisation y est toujours bienvenue, puisque la préparation du mouvement et du terrain ne servirait qu'à limiter le plaisir. Contrairement au footballeur qui voudrait retrouver lors de chaque match les ingrédients exacts qui lui ont permis un geste parfait, le skater, s'il ne veut pas devenir une machine[16], doit

---

16 Il est certain que plus d'un rider américain (tel Chris Edwards) est devenu, le temps d'une brève carrière sportive, une machine à skater. Mais aucune machine, fût-elle humaine, ne connaît le hors-piste !

improviser au maximum, en comptant sur la proximité des autres pour que ce moment unique d'improvisation harmonieuse ne soit pas tout à fait perdu à jamais : certains d'entre nous se rappelleront avoir vu passer Ivano dans Lausanne, mais seuls d'autres que nous pourront répéter nos gestes uniques comme nous seuls pourront reproduire, sans peut-être le savoir, leurs gestes. C'est ainsi que la pratique du néo-sportif pourra être collective : pratique individuelle, perçue collectivement. Le sens des gestes de la glisse est doublement signifiant : pour le pratiquant lui-même et pour ceux qui le voient faire et pratiquent à leur tour. Cette coïncidence des vécus sportifs n'est rien d'autre que le lien social des nouveaux sportifs. « *C'est un moment unitaire, c'est-à-dire un et multiple* (...).*Cette façon de partir de soi et de rayonner, moins vers les autres que vers ce que l'on découvre de soi en eux, donne à la spontanéité créatrice une importance stratégique semblable à celle d'une base de lancement. (...) C'est à cette condition que les hommes reconnaîtront sous peu que leur créativité individuelle ne se distingue pas de la créativité universelle. Il n'y a pas d'autorité en dehors de ma propre expérience vécue ; c'est ce que chacun doit prouver à tous* » (Vaneigem, 1967, pp. 202-203). Ces propos sur l'art valent également pour ces sports qu'on dit nouveaux. À l'inverse, le football, en vouant chacun à soutenir l'entreprise collective - gagner le match - s'est perverti et est devenu une activité collective au service et au profit d'un seul, le centre-avant vedette (Ronaldo), par exemple[17], ou le président (Berlusconi). Le roller/skate assume sa finalité première : la satisfaction intime, psychique et physique, mais permet ainsi à chacun d'en partager la logique et donc un bénéfice collectif : la spontanéité créative devenue moins rare.

---

17 Mais, comme nous l'avons vu, celui-ci doit « payer » le prix de cet effort collectif d'un rendement quantitatif qui nie sa qualité de joueur.

Poétique du déséquilibre

« *Qu'est-ce que la poésie ? La poésie est l'organisation de la spontanéité créative, l'exploitation du qualitatif selon ses lois intrinsèques. Ce que les Grecs nommaient POIEN, qui est le « faire » ici rendu à la pureté de son jaillissement originel et, pour tout dire, à la totalité* » (Vaneigem, 1967, p. 206). La poésie est le contraire du quantitatif, le contraire de l'efficacité et du réalisme. En ce qui concerne les sports, on peut dire que la poésie est ce souvenir d'enfance du footballeur, un geste de mercredi après-midi au pied des immeubles, un football à la gloire des quartiers, « *l'apogée du grand jeu sur la vie quotidienne* » (Vaneigem, 1967, p. 206). Le football d'élite n'est plus capable de grand jeu. Il permet parfois l'expression de grands joueurs mais sans leur permettre de jouer grandement, puisque leur jeu doit s'inscrire dans la stratégie non seulement de l'équipe - ce serait un moindre mal - mais aussi du club, ce qui est évidemment encore autre chose, le club étant devenu aujourd'hui une entreprise soucieuse de ses résultats, de l'état de ses finances mais également de son image, souci auquel est soumis même la plus grande star (on finit même par voir Ronaldo revenir chercher des ballons en défense !). C'est désormais aux nouveaux sports et aux nouveaux sportifs détachés des logiques de club et non rattachés aux logiques du sponsoring - une sorte rare d'amateurs magnifiques - de sauver le grand jeu ! Mais ce souci de grandeur les expose à des « carrières » ratées car il leur faut, pour cela, risquer de perdre l'équilibre dont le maintien est précisément le but des équipes et des clubs. Les voilà donc tous, à se soucier de leur maintien - en première division, dans le groupe de tête, en poule A, etc - et de leur équilibre, budgétaire surtout. Alors que tout le monde attend l'inverse : un basculement, un retournement : « *La poésie est nettement l'acte qui engendre des réalités nouvelles, l'acte du renversement de perspective* » (Vaneigem, 1967, p. 207), à trois mètres du sol, face au ciel bleu ! Ce renversement veut dire aussi ceci : nous ne chercherons plus désormais la poésie dans les œuvres d'art même dans les travaux des poètes mais dans l'œuvre des sportifs pour autant qu'ils soient des artistes, loin des clubs et des fédérations. Car la fonction véritable de l'art n'est pas le spectacle ni le musée mais le renversement de perspective. Rien n'est renversé dans un musée alors que, dans les nouveaux sports urbains, rien ne reste en place, rien ne résiste à cet acte de résistance essentielle au sport, à l'intérieur du champ sportif implosé.

Bien sûr, ce renversement, cet envol, n'est pas toujours « vrai », il est parfois rêvé par les magazines et les photographes qui, littéralement, ôtent le bitume sous les pieds des rollers et les transforment en anges provisoires dont l'eucharistie est cette permutation des équilibres. Qu'importe alors la vérité de ces moments saisis par les objectifs ou prolongés à l'infini par le travail des vidéastes qui, une fois qu'ils les ont saisis en l'air, ne les laissent plus jamais retomber, car la vérité n'est jamais que ce qui est *vraiment* ressenti : le spectateur, comme l'acteur du half-pipe, « sait » qu'il y a vraiment eu état d'apesanteur. Qu'il n'ait duré qu'une demi-seconde n'est qu'une péripétie. La mythologie des maîtres du *futebol* brésilien s'est créée sur de moindres certitudes : huit ou dix secondes de dribbles hallucinés de Garrincha, quelques goals vieux d'un demi-siècle de Didi ou de Vava, un envol (là encore) interminable de Pelé face à Gordon Banks... Cet éternel désir de l'homme de planer au-dessus du sol est aujourd'hui incarné par les freestylers du skating mais aussi par quelques sportifs venus de la planète Mars (ou Nike ?), tel « Air » Jordan, le taureau ailé...

Cette poésie nous frustre évidemment autant qu'elle nous ravit. En effet, ces instants sont si brefs que quand on les voit, tout est déjà à une seconde de se terminer et il ne reste qu'à en voir la reproduction figée ou reproduite, loin de l'instant magique. Insoumise désormais à ses formes d'expression cultivée, la poésie peut transparaître n'importe quand et n'importe où, du moment qu'il y a élan, vitesse, accélération, figure... Le caractère rampant de l'homme ne date pas d'hier, mais les modes choisis jusque-là pour l'exprimer se sont toujours fourvoyés dans l'esthétique. Le sport, activité humaine s'il en est est aujourd'hui sollicité en raison d'une certaine virginité dans ce domaine pour exprimer à son tour cette limitation de l'homme. Mais il le fait paradoxalement, en montrant combien sont rares ceux qui ne rampent pas mais courent, sautent, nagent, luttent et glissent sans limites apparentes. Le sport est un moyen de communication contemporain ; son message est le même que celui d'Icare : il faut essayer de voler après avoir fabriqué ses propres ailes mais il faut aussi savoir qu'en principe l'homme ne peut pas voler et retombe lourdement. Ce qui permet de rester en l'air, c'est la passion mise dans ce que l'on fait. Mis « hors-enjeu » volontairement, les skaters ne sont que ça : passionnés. Des anges de pureté (malgré les sponsors qui s'avancent[18]...) qui cherchent à abolir le sport par leur activité sportive même... « *La poésie est toujours quelque part. Vient-elle à déserter les arts, on voit mieux qu'elle réside avant tout dans les gestes, dans un style de vie, dans une recherche de ce style* » (Vaneigem, 1967, p. 209). Voilà où nous en

---

18 Mais cette avancée n'est pas récente. Le surfer Yves Bessas en parlait déjà il y a vingt ans, à propos précisément du skate : « *En 1974 (...), c'est le délire : grâce aux roues en polyuréthane permettant une meilleure absorption des aspérités du béton, le skate conquiert les villes. L'engouement sera de taille mais éphémère. Il faut souligner qu'une certaine tendance à la manipulation des enfants, de la part des médias et surtout de businessmen aux buts plus ou moins louables, a relativement contribué à condamner cet engouement auprès des teen-agers* » (1982, p. 167).

sommes. Le skate est la révolte d'un seul poète ; le skatepark est, peut-être, la poésie de plusieurs, pour autant que soit respecté à l'avenir, et malgré les probables subventions, le vieil adage situationniste : « *L'organisation de la spontanéité sera l'œuvre de la spontanéité elle-même* ». Nous verrons bien ces prochains temps...

Dans les années 70, le monde du sport a connu des glissements progressifs vers le plaisir. Se débarrassant de ses austères survêtements, il a commencé à « s'éclater ». Puis dans les années 90, il a glissé du plaisir vers la performance, puis vers le show-business... Aujourd'hui, on peut attribuer à la majorité des néo-sportifs et des événements dont ils sont les acteurs le qualificatif que Éric Satie attribuait à une certaine musique conformiste : ils font du sport « d'ameublement ». Du sport décoratif, avec talent et émotion parfois, mais plus par plaisir pur. Le plaisir de faire, qui était un élément central aux origines des nouveaux sports *fun* et de glisse, est devenu accessoire. La *culturation* « antisportive » des premiers surfers de Malibu a connu en vingt ans une totale acculturation, une révolution complète qui l'a ramenée au sport-spectacle évalué, chronométré et surpayé. Et, puisque « *sans règles, il ne peut y avoir d'enjeu sportif car la réalité de ce dernier est conditionnée par l'existence des règles qui le fixent*» (Loret, 1997, p. 34), les sports de glisse ont entrepris depuis quelques années de se donner des règles, avec parfois de l'ironie mais souvent beaucoup de sérieux. Si les statuts de l'association La Fièvre à Lausanne sont copiés sur ceux du Vivarium, association des amis des reptiles et autres animaux à sang froid, la plupart des nouvelles associations, à but sportif explicite ou pas, cherchent à s'organiser de manière conventionnelle, afin de pouvoir prétendre aux subventions municipales. Mais pour une génération qui se vantait de vouloir casser les règles, n'est-ce pas revendre un peu vite les acquis de « *l'avant-garde sportive contemporaine une et indivisible* » (selon l'expression de Loret) ?

Le roller a longtemps été une *indiscipline* sportive reconnue par tous. Mais aujourd'hui, même sur les aires de street, les vrais rebelles se comptent sur les trois doigts de la main gauche de Django Reinhardt !... Comme dans le hip hop où l'argent et la télévision sont également très présents, ils sont peu, chez les rollers, à avoir gardé l'esprit des maîtres sans esclaves, l'esprit des premiers surfers californiens, des *beautiful losers* aujourd'hui disparus sous la graisse et les chemises hawaïennes. La contre-culture sportive, comme la contre-culture « culturelle », cohabite avec l'ennemi et lui mange parfois dans la main.

Éloge de l'apesanteur contemporaine

La glisse est une poétique de l'espace parce qu'elle suggère l'envol, le prépare. Dans un passage clé pour la compréhension de l'esprit de glisse et qu'il convient de citer en entier, le journaliste suisse Antoine Maurice (1987, p. 70) analyse finement l'essence du mouvement : « *Les sports de glisse entretiennent avec la force de gravité un rapport étroit. La glisse pourrait être définie comme l'ensemble des modes ludiques d'exploitation de la chute des corps humains. Si la glisse, comme la marche, est une chute constamment rattrapée, l'intérêt du sport et l'investissement psychologique qu'il commande viennent de la façon dont le sportif essaie de jouer avec l'asymétrie de la gravitation. Le glisseur est quelqu'un qui refuse le sens unique de la pesanteur. Tout son effort vise à éluder cette fatalité : pour le skieur, conduire là où la pente ne veut pas qu'il aille, pour le surfer, remonter sur la crête de la vague qu'il vient de dévaler, pour le planchiste, décoller de l'élément liquide qui tente de le retenir, pour le vélideltiste, gagner plus d'altitude qu'il n'en perd.*

Dans ce défi aux éléments, le glisseur fait appel contre la gravité à des forces auxiliaires : sa propre énergie, puis la force de la vague ou du vent. Le jeu consiste donc à trouver ces énergies, à les capter par son savoir-faire et à l'aide du vecteur matériel, enfin à les utiliser pour vaincre la gravité. C'est pourquoi le moment psychologique privilégié des sports de glisse - celui de la sensation pleine - survient quand le glisseur, après avoir accepté un temps l'emprise de la gravité, interrompt sa chute pour reprendre de la hauteur. Il opère ainsi une revanche spectaculaire du bas sur le haut.

Cette domestication de la pesanteur est euphorisante. Le glisseur s'est dégagé de la monotonie et de l'asservissement des mouvements à sens unique sur l'axe haut-bas, et ceci sans moteur, avec aussi peu de matériel que possible, par la seule adresse de son mental et de son physique. Sa perception de l'espace en est changée »... - de l'espace urbain, par exemple, en ce qui concerne les skaters.

Cette révolte contre la chute, contre l'idée de chuter plutôt, s'exporte très bien à d'autres champs, social, culturel, économique et gagne en surface aussi. Car cette lutte, celle de Sisyphe et de son rocher, est la lutte de tous les hommes pour ne pas tomber, puis, parce qu'ils tombent quand même, pour se relever. Le glisseur est émotion quand il gagne son pari sans fin contre la pesanteur ; il est émouvant quand il le perd. Cependant, dans un cas comme dans l'autre, il est le rebelle, le hors-la-loi de la pesanteur. Face au poids lourd de nos soucis, *qu'au moins notre viande humaine soit légère* ! Sans cela, malheur au *rider* sauvage : malgré ses avantages, le roller n'a pas encore réussi à s'imposer face aux voitures. Sa remise au park n'est peut-être pas momentanée. Le malheur du roller est de devoir agir face à un monde urbain divisé, socialement divisé - c'est maintenant chose connue bien que l'on ne s'en alarme pas beaucoup en haut lieu - mais aussi, désormais, sportivement et *mobilement* divisé. Les contests - on garde le mot anglais pour ne pas avouer que l'on organise, comme nos grands-pères athlètes, des meetings et, comme nos pères footballeurs, des championnats – sont, qu'on le veuille ou non, des compétitions sportives. Voilà bien le retour de la division : les bons et les mauvais, les sponsors et les sponsorisés, les qualifiés et les disqualifiés...

Il faut donc recommencer à ruser. Avec la ville et ses espaces déserts, avec l'argent nécessaire à améliorer le matériel, à créer des modèles, à payer les génies. Il faut retrouver le secret de l'oblique, du tracé perpendiculaire, du vague (de *la* vague ?), de l'instable - renouer avec la force unique du déséquilibre (Perec, 1977, p. 77). Il faut retrouver l'état magique, l'apesanteur... Cela peut venir des gestes de l'envol, ou de l'imaginaire du corps. Dans les deux cas, il s'agit de penser une nouvelle fois le sport comme il fut repensé vers 1965 par les surfers californiens, c'est-à-dire non pas comme pratique sportive mais comme révolution culturelle. D'accord pour parler des planches, des roulettes, des sensations, mais à condition de les situer dans un projet global de changement social. Sans cela autant s'inscrire tout de suite au Club Alpin...

Le milieu des nouveaux sports de glisse se distingue des mondes sportifs qui l'ont précédé par le fait que sa culture n'est pas unidimensionnelle et réduite aux seules pratiques sportives. Ce qui rend ces pratiques alternatives, au-delà des intentions antisportives de ceux qui en sont les inventeurs et les protagonistes, c'est l'attitude qui nie l'appartenance au monde sportif : par le vêtement, l'environnement sonore, la prise de risque, le rapport aux « dopages » doux, etc., « *une débauche de références culturelles parfaitement iconoclastes qui envahit aujourd'hui le sport via une presse magazine spécialisée entièrement nouvelle* » (Loret, 1997, p. 34), presse où le lien entre les sports et les musiques alternatifs sont exposés de manière flagrante.

Malgré ces connivences culturelles, le patinage urbain n'est pas une des sous-expressions du hip hop, ni même de la culture jeune... pour autant que nous puissions savoir de quoi il s'agit. L'étude des pratiques et des techniques du hors-piste urbain nous montre que c'est bien à une culture alternative que nous avons affaire et son projet n'est rien moins qu'un renversement radical des us et coutumes métropolitaines.

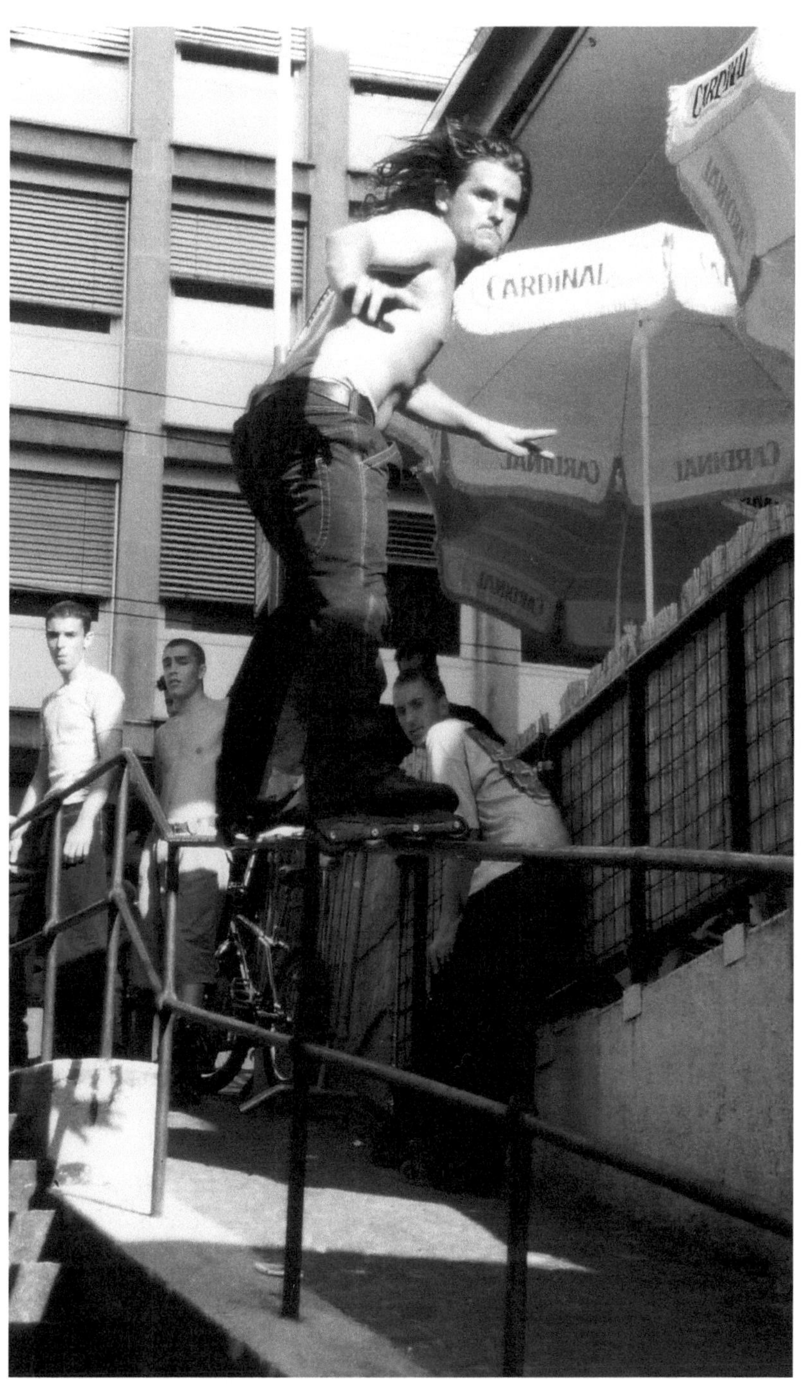

POÉTIQUE DE L'ÉQUILIBRE

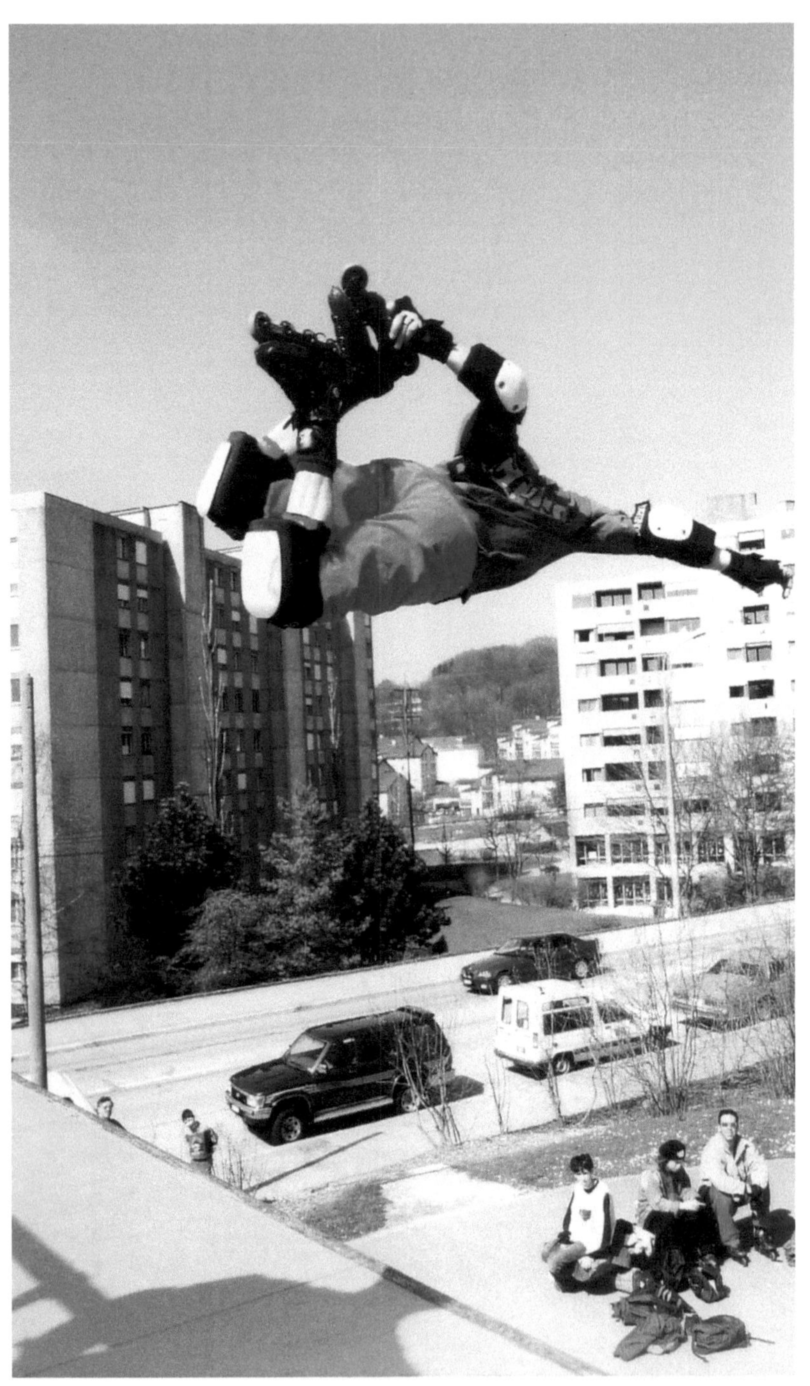

LE BASCULEMENT…

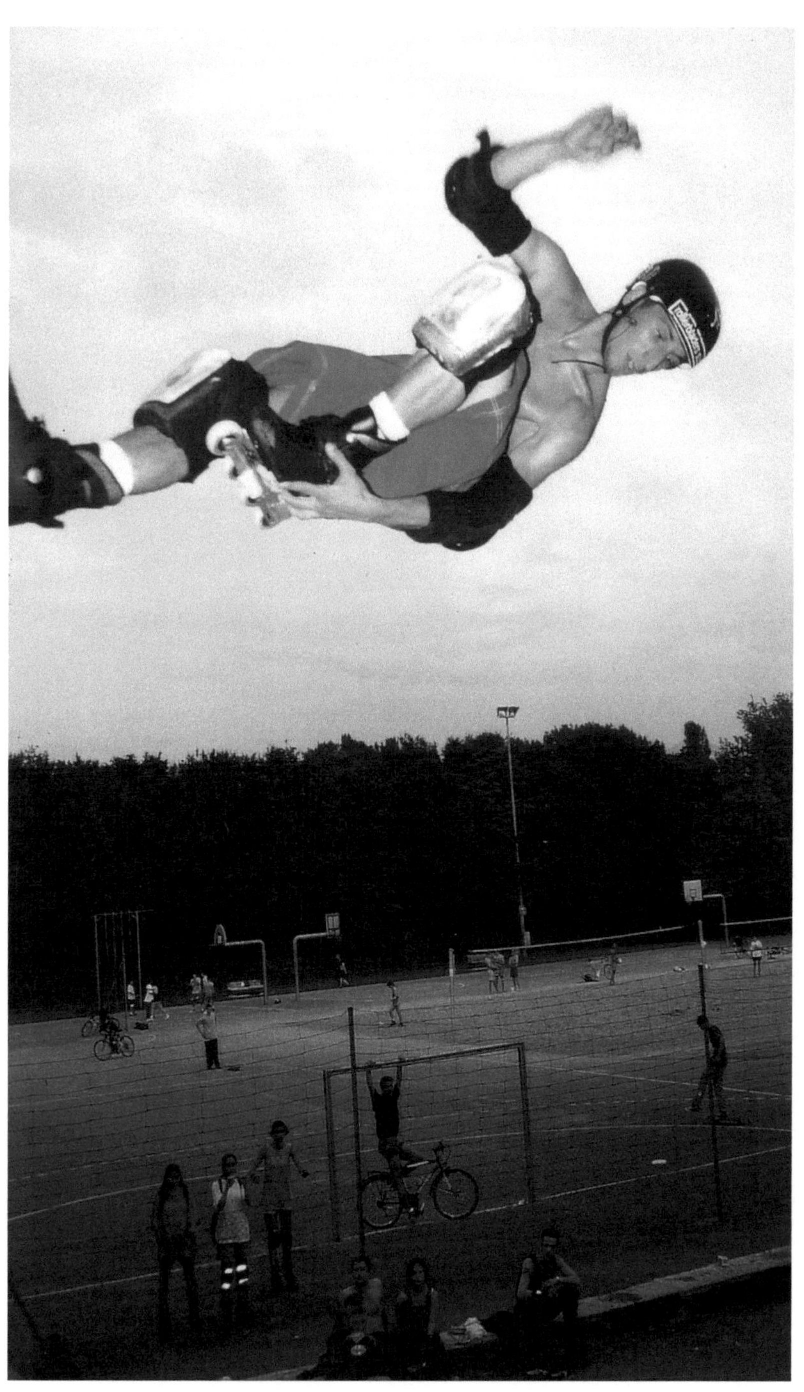

…DU MONDE

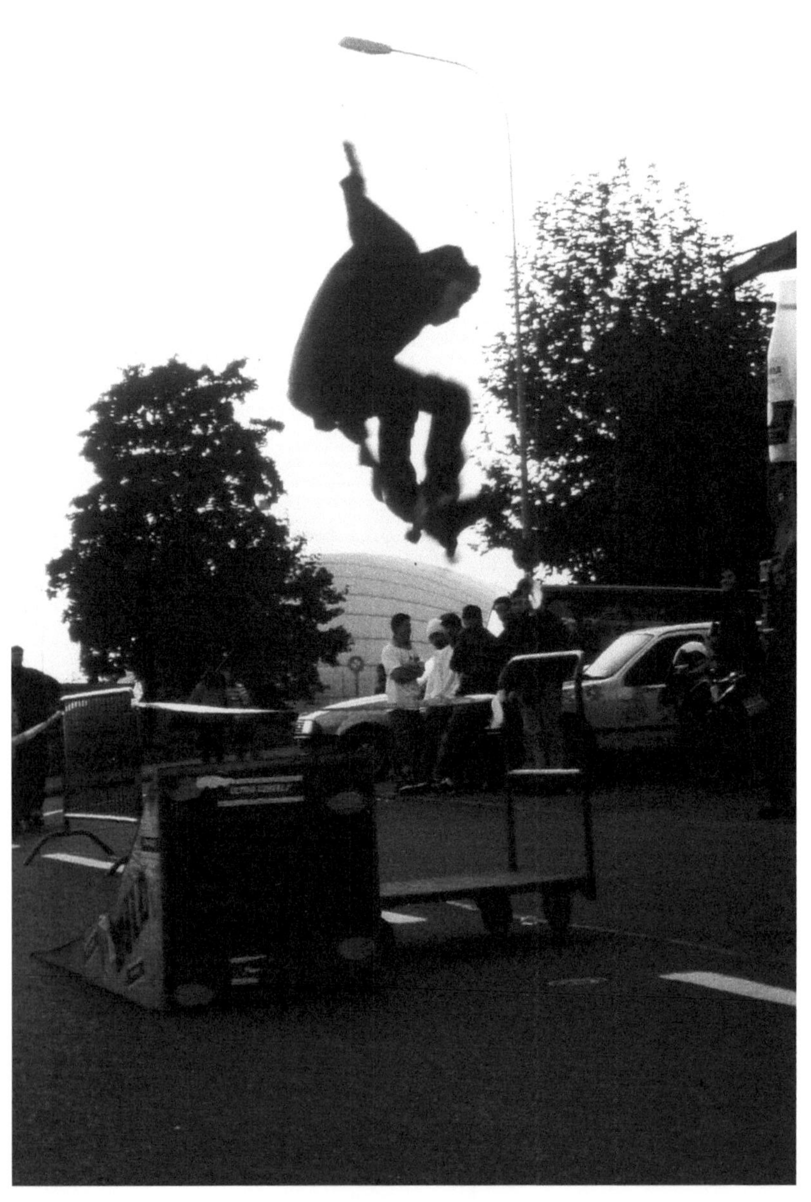

SIMULATEURS…

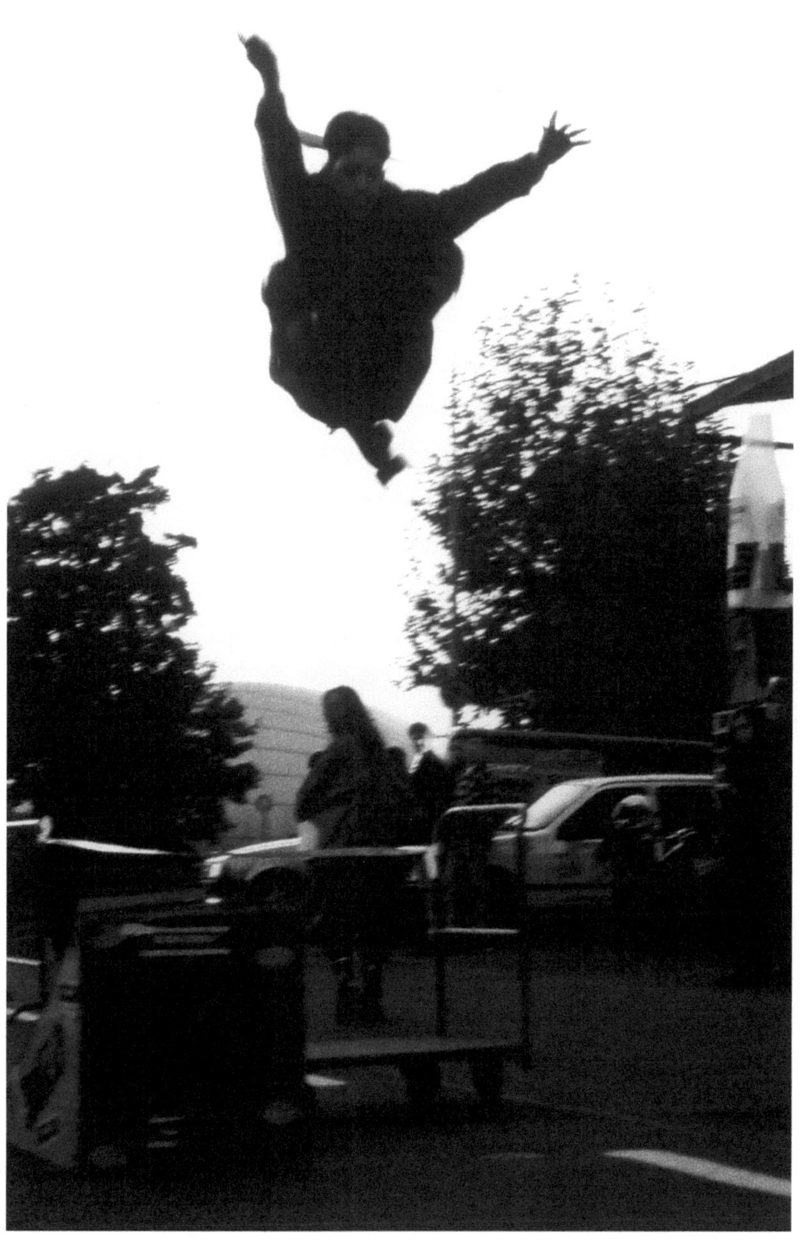

…DE VOLS

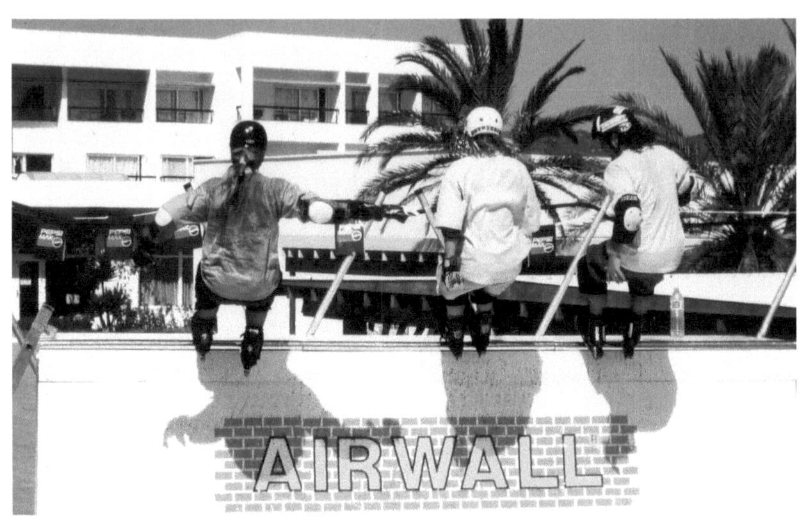

RAMPE À IBIZA

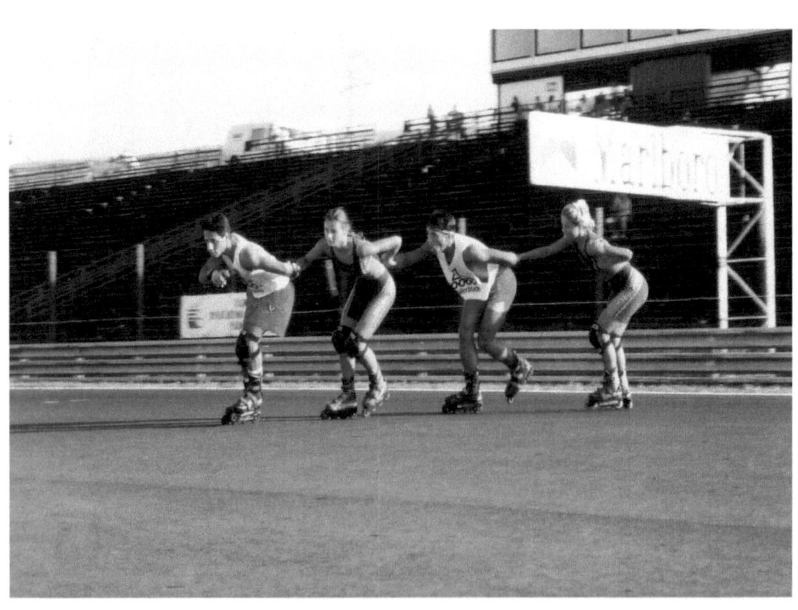

FITNESS, SPORT CHIC

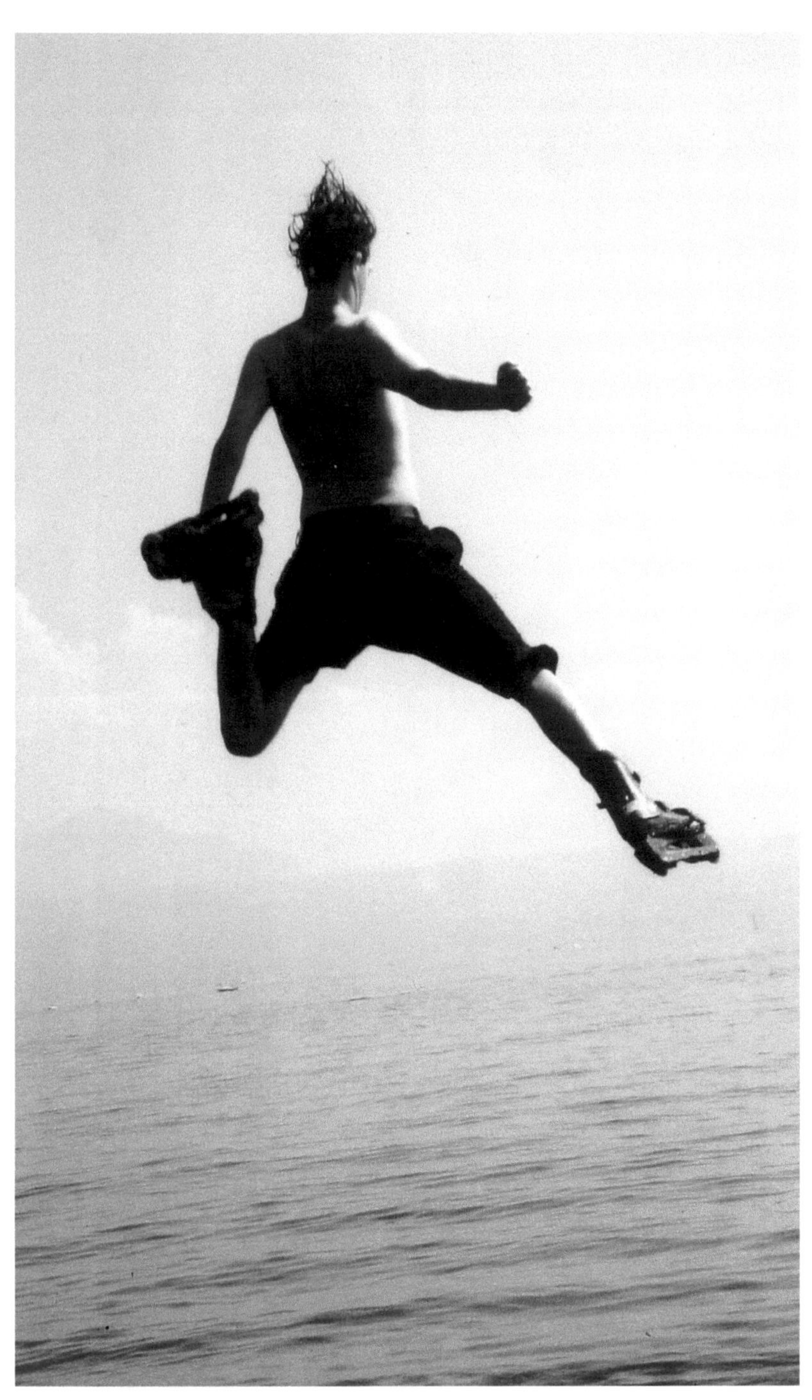

WATER JUMP OVER LÉMAN

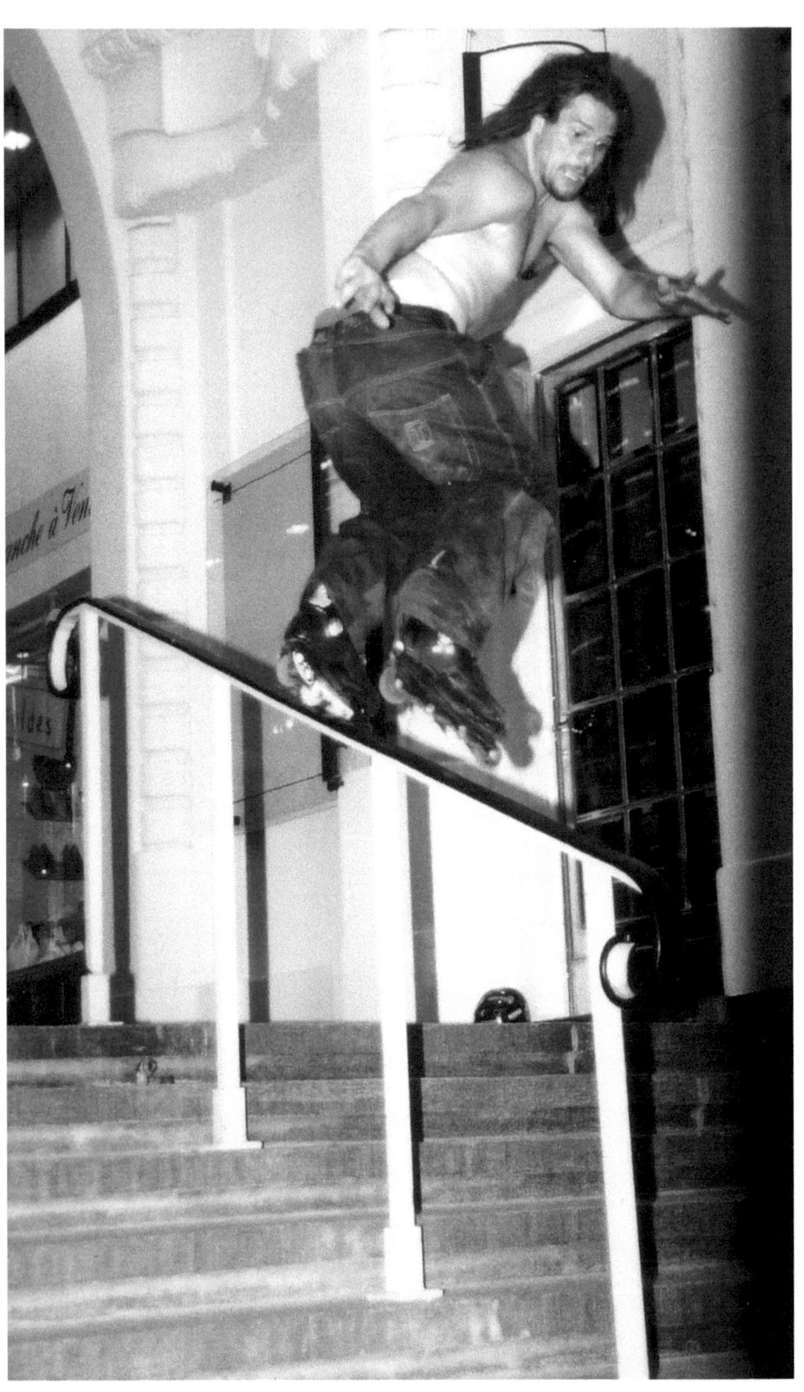

LE HORS-PISTE URBAIN

Chapitre 2

PRATIQUES ET TECHNIQUES DU HORS-PISTE URBAIN

On ne peut pas plus, comme le dit l'anthropologue Pierre Clastres (1977, p. 69) « *penser la société primitive sans penser en même temps la guerre* » qu'on ne peut penser la société contemporaine - que l'on dira moderne - sans, en même temps, penser ce qui lui tient lieu de guerre : le sport ou, plutôt, le jeu, violent ou rusé[19]. Au sport comme à la guerre, il y a ceux qui choisissent la force, les Achille, et ceux qui choisissent la ruse, les Ulysse dont le choix plus malin se paie parfois au prix d'un long détour de dix ans, d'une errance aux limbes du professionnalisme. Mais la bataille n'est pas tout et le sport, comme la guerre, donne aussi lieu à des fusions, des unions, des reliances sociales. Les nouveaux sports, moins conflictuels que fusionnels, semblent aller dans ce sens. C'est alors, dans notre société en fragmentation, qu'à l'inverse des pratiques d'affrontement, le sport (comme l'était semble-t-il la guerre primitive) peut apparaître comme le dernier « *moyen de conserver dans l'indivision l'être de cette société, de maintenir chaque communauté en son autonomie de totalité une, libre et indépendante des autres* » (p. 69).

Notre vie quotidienne de bipède de l'an 2000 nous le fait voir tous les jours : toute société moderne est sportive ou doit l'être, si elle ne veut pas être mal considérée, et même se

[19] Certains pensent qu'il ne s'agit pas d'une guerre poursuivie par d'autres moyens pacifiques, mais de la guerre elle-même (Brohm, 1996).

diviser, se fragmenter... Encore ne faut-il pas confondre le sport tel qu'il se montre, à la télévision notamment, et la fonction sportive du corps qui, elle, questionne les relations de l'être avec des techniques - des cultures - et l'environnement. Notre sociologie du roller doit tenter d'appréhender ces relations en les situant dans le temps qui est le leur (en gros : la sur-modernité) et l'espace dans lequel elles prennent une signification particulière (ici : la ville). Il s'agit donc d'une sociologie urbaine et contemporaine. En cela, elle se rapproche forcément d'une ethnologie urbaine telle qu'elle est pratiquée par des chercheurs français comme Marc Augé, Georges Balandier ou Gérard Althabe. Ceci ne doit guère surprendre : dès que l'on essaie de comprendre le rapport existant entre la gestion des corps, l'espace qui les entoure - ici « l'équilibre roller » et la route - et l'emploi du temps, il y a ethnologie (Augé, 1997, p. 39). Le travail descriptif - ethnographique - du milieu de la glisse urbaine est réalisé ici selon les champs classiques suivants : Faire (les gestes, les pratiques, les techniques du patinage urbain). Se relier (les sociabilités, le lien social, les termes de l'échange dans le milieu roller). S'exprimer (le commentaire, l'expression, la diffusion des valeurs…). Bouger (le geste pur, l'esthétique, le mouvement...).

Dans les travaux que nous avons menés sur le patinage urbain, nous avons naturellement oscillé entre la sociologie et l'ethnologie, selon une méthode que nous avons déjà pu appliquer en d'autres occasions où la nécessité de comprendre des groupes sociologiques particuliers en fonction de l'inscription sur un territoire *borné* de pratiques spécifiques nous avait fait recourir à un tel syncrétisme scientifique. Par ailleurs, l'observation, fût-elle profane, des sociabilités sportives - surtout quand il s'agit de la planète roller-skate - pousse rapidement à un tel métissage méthodologique. Rien de surprenant donc au fait que « *la sociologie du skate [soit] une sociologie « ethnologique » qui privilégie le regard et l'écoute* » (Fize, 1993b, p. 167). Cependant, si on peut toujours se dire que l'on a, dans la présente recherche, essayé de faire un travail d'ethnographe du milieu ludico-sportif du roller et de ses sociabilités, il paraît raisonnable de constater que nous nous sommes sans doute livrés à une étude psychogéographique au sens où Guy Debord a pu définir ce terme, il y a plus de quarante ans : « *La pyschogéographie se proposerait l'étude des lois exactes et des effets précis du milieu géographique, consciemment aménagé ou non, agissant directement sur le comportement affectif des individus* » (1955, p. 11).Car il est criant que le skate, et cette démarcation radicale qu'est le hors-piste urbain, est avant tout une activité de l'esprit, esprit rebelle, esprit de découverte, esprit pratique, esprit nouveau et alternatif mais directement dépendante du milieu où elle s'exerce.

Liens socio-sportifs et sociaux

La sociologie des sports, fussent-ils dits nouveaux, alternatifs, *fun*, de glisse ou extrêmes, n'échappe pas à son destin qui est l'étude des relations sociales entre les individus, et la question du lien social, formulée depuis les origines de la sociologie dans des termes divers, est également centrale aujourd'hui, dans un contexte global que l'on pourrait qualifier de société *post-moderne*. Dans ce contexte, l'observation du lien socio-sportif est particulièrement stratégique puisque le sport est un puissant révélateur social qu'on le considère plutôt sous l'angle de la compétition d'élite entre professionnels, de l'exercice *fitness* destiné à se garder en bonne santé ou, comme c'est la tendance dans les nouveaux sports, qu'il s'agisse d'activités de sensations et *à* sensation par lesquelles on cherche à provoquer un « vertige intime », en jouant *extrêmement*. En effet, l'observation sociologique des différentes formes de lien social associées à ces trois champs sportifs nous en apprend aujourd'hui plus sur les dynamiques à l'œuvre dans l'Occident contemporain[20] que celle que nous pourrions mener à partir des champs de l'économie ou de la culture. Dès le milieu des années 70, des chercheurs avaient proposé d'analyser les pratiques des nouveaux sportifs en termes de sociabilité. Ainsi, le skate « sauvage » qui a révélé « *un désir d'échanges, de contacts dans l'univers citadin. On fait du skate, mais aussi on s'initie. On se communique les « ficelles » de ce nouveau sport et on rompt l'isolement, l'anonymat* » (Caroux, 1978, p. 34). De la même façon, en suivant J. Corneloup (1993 ; 1997) et en transposant son étude des nouvelles formes de sociabilité en escalade à d'autres sports alternatifs - dont le roller bien évidemment - et, par suite, en considérant le microcosme néo-sportif comme une « société en réduction », on peut commencer par dire que l'on est passé, vers 1975, du « fort lien socio-sportif » qui organisait les relations entre pratiquants quelles que soient leurs origines socioculturelles, à un lien social diversifié, contradictoire, conflictuel. On pratique une même activité sportive, mais on y attache des valeurs et des imaginaires très différents selon notre provenance et notre trajectoire individuelle, moins sociale cependant que culturelle.

Que l'on partage ou non l'esprit alternatif et le système de références mentales et corporelles corollaires, on ne fait apparemment pas un sport différemment les uns les autres, mais on lui attribue un contenu symbolique très variable. On s'en rend compte aujourd'hui facilement en observant, dans le monde du roller, les nombreuses familles de patineurs se

[20] Nous avons étudié cette question du lien social dans le sport au Venezuela, mais nous ne saurions préjuger pour l'instant de la possible extension de ces travaux à d'autres pays d'Amérique Latine (Pedrazzini, 1995 ; 1997 ; Pedrazzini et Sanchez R., 1997).

partageant parfois de mêmes espaces de pratiques (au grand désespoir des pionniers).

Ce changement provoque une rupture, une fracture dans les formes de sociabilités sportives traditionnelles, puisqu'il n'existe plus un seul référent culturel sportif mais au moins deux - traditionnel et alternatif - et des protagonistes de l'un et l'autre camps (Callède, 1985 ; 1987). De plus, cette fracture existe à l'intérieur des deux référents car on trouve des tenants de l'esprit alternatif égarés pour une raison ou une autre chez les traditionalistes (c'est le cas de quelques ailiers gauches fameux mais « fantasques » dans le milieu du football) ; l'inverse est vrai et l'on trouve dans le milieu néo-sportif, des partisans, tout aussi égarés, des vertus éducationnelles du sport. Mais, il est vrai, on trouve aussi des gens qui, sans rire, organisent un championnat du monde des D.J.'s !... On assiste ainsi à un éclatement et à une fragmentation des identités sportives et néo-sportives à l'intérieur d'une société post-moderne aux identités sociales déjà fragilisées par la crise, le chômage, la montée des inégalités, la perte de crédit des élus politiques, la virtualisation de l'actualité, les désarrois de la famille, du couple, des enseignants, de la sexualité...

À l'image du monde de l'escalade, la société occidentale est passée en quelques années d'une approche « mécanique » du lien social à une approche organique et multiple : « *De plus en plus, la diversité et le conflit dominent. Le lien socio-sportif post-moderne ne ressemble donc guère à celui qui prévalait à l'époque moderne. Il n'y a pas d'invariance du lien ; celui-ci est profondément déterminé par la structure du modèle dans laquelle il s'insère* » (Corneloup, 1993, p. 201). C'est à la lumière de ce glissement du lien social contemporain que nous pouvons analyser les socialités néo-sportives et, à partir de là, les sociabilités contemporaines que nous situerons, plutôt que dans la post-modernité, dans le contexte d'un inachèvement de la modernité (Pavageau, Gilbert et Pedrazzini, dirs., 1997). Cela dit, l'analyse des sports « post-modernes » en terme de sociabilité et celle que nous faisons du roller et du skate coïncident : « *La saturation du modèle de jeu (...), l'entrée de nouveaux acteurs, la tendance marquée pour le tribalisme et le localisme sont quelques faits qui participent de la recomposition du modèle classique de l'escalade, produisent d'autres formes de liens sociaux. Il apparaît ainsi que la notion d'«organisation active», c'est-à-dire l'étude globale de la forme et du processus de transformation de cette «forme» semblent primordiaux pour saisir la dynamique socio-sportive des pratiques d'escalade*" (Corneloup, 1993, p. 202). C'est la même chose pour les pratiques de patinage urbain et pour d'autres encore. Et l'on s'aperçoit que ces processus sont présents à d'autres niveaux dans la société contemporaine définissant le sens du lien social : « *L'organicité, le tribalisme, la circulation, la communication et l'esthétisme apparaissent comme des opérateurs d'action significatifs* » (Corneloup, 1993, p. 202). À partir de là, on peut dire que sont présents dans le champ social comme dans le champ sportif cinq grands types de liens sociaux qui vont définir les grands types de micro-sociétés. Il s'agit des liens organiques, des liens communautaires, des liens de circulation, des liens de communication et des liens esthétiques. Au-delà de cette classification que l'auteur combine avec l'étude des liens stylistiques, très forts dans les sports de glisse également, il faut retenir que la pratique sportive n'est rien en soi ; elle ne prend son sens - mais aussi sa forme spécifique et son style - que par rapport aux groupes qui l'exercent et en font des pratiques de sociabilité autant que sportives. Enfin, il faut se souvenir que les liens socio-sportifs alternatifs, comme les micro-sociétés qu'ils fondent, tendent à être aujourd'hui dans l'ensemble du corps social, des liens « *fortement dépendants de déterminismes sociaux, symboliques, stylistiques et « interactionnistes », induisant « one sense of one place » (Bourdieu) mais aussi « one sense of other's place » qui fait que l'on se sent bien (à sa place ou pas), au sein de cet espace socio-sportif* » (Corneloup, 1993, p. 207) et, en conséquence, dans la société.

Ethnologie du patinage urbain

La compétition ayant été déplacée vers la lutte avec les éléments, *l'Autre* sportif n'a plus besoin d'être considéré comme un adversaire et devient naturellement, parfois maladroitement et au prix de quelques conflits, un partenaire de jeu, un allié, un compagnon. « *Les nouveaux sports sont des sports de coopération plutôt que de compétition. La coopération est le plus court chemin vers l'épanouissement des sensations* » (Maurice, 1987, p. 75). Chez les rollers, la ville est cet adversaire naturel, que l'on respecte cependant comme partenaire principal devant les collègues, car « *l'intérêt principal de l'exercice est la sensation du décollage, le vertige de l'arrachement progressif à l'élément » (...) et elle est « surtout partenaire dans la mesure où cette utilisation ne peut se faire sans un degré de connaissance intime, de connivence avec ces forces* » (Maurice, 1987, p. 75). On ne peut être qu'admiratif devant les savoirs « vernaculaires » des skaters et, quand tant de monde s'effraie de l'urbanisation, de leur estime authentique pour le milieu construit qui leur permet de trouver, au-delà des habituels préjugés des usagers, les qualités profondes des espaces urbains.

En ce qui concerne plus spécifiquement les skateboarders étudiés par Calogirou et Touché (1995), leur pratique à la fois sonore, ludique et ambulatoire, « *se caractérise également par le fait qu'elle est distinctive et qu'elle présente des risques, risque social et risque physique* » et « *elle remet en cause les usages plus ou moins convenus de la rue* » (p. 38).

Les surfers, les véliplanchistes, les snowboarders ont tous remis en cause les manières habituelles voire conformistes d'appréhender leur milieu de pratique, mer et plage, montagne, neige. Ce fut la première rébellion. L'esprit de la glisse est frondeur. Il s'est d'abord opposé au modèle sportif traditionnel, mais on peut voir aujourd'hui qu'il contribue à une nouvelle contre-culture urbaine - même depuis la mer, même depuis la montagne - dont les valeurs « libertaires » gagnent d'autres sphères de l'organisation sociale. La glisse (ainsi baptisée, semble-t-il, par Yves Bessas, 1982) est un système de valeurs autant qu'un ensemble de pratiques. Il est fondé sur « *le hors-piste, l'oubli de la raison, le plaisir de l'absurde* » (Touché et Calogirou, 1995, p. 39). D'autres valeurs sont particulièrement subversives si on les considère depuis le monde si sérieux du sport traditionnel : ironie, refus de gagner... Ce refus, qui est le refus du sport, ne peut être simplement revendiqué ou évoqué ; il faut qu'il soit démontré, pratiqué, mis en scène. C'est pour cette raison qu'il faut qu'il y ait prouesse physique, que d'une certaine manière, il y ait du sport pour qu'ensuite, ironiquement, on puisse se distancier du modèle détesté. Il faut mettre à distance le sport traditionnel par une pratique sportive alternative. Le glisseur n'est pas dans la situation des gros garçons de nos classes enfantines qui détestent le sport parce qu'ils n'arrivent pas à monter aux perches. C'est parce qu'ils sont justement capables de monter bien plus haut que les perches et même « en dehors » des perches qu'il leur paraît vain d'y grimper ! Même l'équipement sportif est tenu à distance : rien de moins dans l'esprit de la glisse, aujourd'hui, que les combinaisons des skieurs. Les snowboarders le savent bien et cultivent le look urbain à la montagne (et même à la plage, grâce à des maillots de bains qui n'en sont pas[21]).

En se transformant soi-même, par le vêtement, le langage, les valeurs *trash*, en une parodie de sportif (qu'en est-il des contrôles antidopage dans les roller contests ?!..), le glisseur change le sens profond du sport lui-même : d'une activité éducationnelle, il le fait joyeusement passer à une activité ludique. Mais cela ne suffit pas au skater : il lui faut parodier également le terrain de sport, ce qu'il fait en prenant la ville pour *playground*, la soumettant à son envie de jouer, transformant les escaliers mécaniques en toboggans, la route en piste de *schuss* et le mobilier urbain en tremplins ou barre d'appui... Ce détournement de l'espace urbain est la plus radicale manière de s'écarter de l'ordre sportif traditionnel. Mais des choses semblables ont lieu hors des villes, dans les pâturages détournés de leur fonction laitière par les VTT, ou sur l'eau et dans le vent détournés, à leur profit et loin des pêcheurs, par les surfers...

Malgré cette tendance lourde, on trouve aussi des pratiquants dont le but avoué est de convaincre les fédérations que leur activité est un sport, voire même un sport olympique. Mais même dans ce cas-là, on ne peut être sûr que le goût pour la parodie du sport ne l'emporte pas au dernier moment pour pirater la solennité des J.O.[22] Faire la fête reste une règle d'or du glisseur, comme on peut le voir dans les contests, parodies s'il en est des championnats du monde d'autres disciplines : « *On vit alors dans un chaos sonore et vibratoire où se mêlent annonces, cris, coups sur le*

21 C'est une prouesse contemporaine : avoir l'air, à la plage, d'un snowboarder !...

22 On se rappellera des premiers champions olympiques de snowboard de Nagano comme de joyeux lurons !...

sol ou sur des fûts en métal pour chahuter ou encourager » (Calogirou et Touché, 1995, p. 46). Il est parfois difficile, dans de tels « grands prix » de distinguer les compétiteurs des spectateurs, voire des photographes ou même du service d'ordre !...

La perturbation du champ sportif atteint alors le champ urbain. En ville, « *le skater, donc, embarrasse, tel l'étranger que G. Simmel présentait comme la figure du citadin* » (Calogirou et Touché, 1995, p. 41). Plus étrange qu'étranger et plus dérangeant qu'étrange, le spécialiste de cette indiscipline sportive extrême qu'est le hors-piste urbain - extrême parce que hors des pistes et hors du monde des pistes - le patineur des villes est une remise en cause permanente de l'organisation et de la spécialisation du sol urbain. Car, s'ils se contentaient des rampes installées à leur intention ou des skateparks que les autorités voudraient tellement voir fonctionner comme des réserves d'indiens, les skaters ne seraient pas si dangereux pour les idées reçues. Mais voilà, ils préfèrent de beaucoup s'en échapper et pratiquer dans la rue, faire du *street* (en anglais, pour bien marquer la transformation de la rue que connaissent les piétons et la route que connaissent les automobilistes, en une autre dimension du réel), n'utilisant le plus souvent le skatepark que comme un « relais routier ».

In the street, le roller rend caduc l'ancien privilège des automobilistes qui était d'avoir une voiture (Debord, 1955, p. 12) par l'éclatante vérité selon laquelle le nouveau privilège urbain est de pouvoir aller à pied mais sans marcher, d'aller donc en glissant sur des roulettes découvrir les beautés de la ville, non pas celles que prétendent promouvoir les cartes postales des offices de tourisme mais d'autres beautés a priori aussi invisibles de l'intérieur des voitures qu'en marchant au pas. C'est la vitesse de glissement qui permet de voir sensiblement ces beautés car « *on entend bien qu'en parlant de beauté, je n'ai pas eu en vue la beauté plastique - la beauté nouvelle ne peut être qu'une beauté de situation - mais seulement la présentation particulièrement émouvante, dans l'un et l'autre cas, d'une somme de possibilités* » (Debord, 1955, p. 14). La glisse, la vitesse humaine, décuple les situations et les *possibilités* de beauté urbaine. Elle sera, encore une fois telle que l'ont annoncée les surréalistes dans les années 30, *convulsive*, c'est-à-dire - selon la définition du Petit Robert - agitée par des mouvements violents et troublée soudainement. En se rappelant que « *les sociétés humaines cherchent, à travers des convulsions dramatiques, une formule de vie sociale* » (Emile Durkheim), comment dès lors ne pas voir dans le patinage urbain l'aboutissement momentané d'un projet « situationniste » (autrement dit d'un projet surréaliste appliqué à la géographie urbaine) : la dérive, définie comme « *une technique du passage hâtif à travers des ambiances variées. Le concept de dérive est indissolublement lié à la reconnaissance d'effets de nature psychogéographique, et à l'affirmation d'un comportement ludique-constructif, ce qui l'oppose en tous points aux notions classiques de voyage et de promenade* » (Debord, 1956, p. 6). Transposée dans le monde des sports, cette dérive qu'est la glisse s'oppose évidemment à la course et, plus globalement, à l'athlétisme. Elle est, par ailleurs, forcément urbaine et pas obligatoirement hasardeuse : « *La part de l'aléatoire est ici moins déterminante que l'on ne le croit : du point de vue de la dérive, il existe un relief psychogéographique des villes, avec des courants constants, des points fixes, et des tourbillons qui rendent l'accès ou la sortie de certaines zones fort malaisées (...). Les hasards de la dérive sont forcément différents de ceux de la promenade, mais les premières attirances psychogéographiques découvertes risquent de fixer le sujet ou le groupe dérivant autour de nouveaux axes habituels, où tout le ramène constamment* » (Debord, 1956, pp. 6-7). La mise à jour de tels courants urbains n'est évidemment pas la moindre des découvertes des spécialistes du hors-piste.

L'irruption des patineurs dans le paysage urbain occidental a certainement contribué à changer notre rapport à la ville, en démontrant que « l'aventure » était encore possible dans un environnement construit que le souhait de maîtrise des détails de ses promoteurs avait peu à peu voué à la mécanisation et au conformisme. En marge de cette société, avait toujours réussi à évoluer un nombre variable d'outsiders, payant leur divergence d'une mise à l'écart plus ou moins durement sanctionnée : poètes maudits et peintres cubistes, jazzmen héroïnomanes ou terroristes romantiques, tous ont participé d'une manière ou d'une autre à l'effort collectif de bouleversements des corsets sociaux. Tous, à partir de champs parfois très éloignés, ont cherché à changer le monde. Mais ils avaient jusqu'ici tenté de le faire depuis l'extérieur, après avoir été réellement ou symboliquement bannis de la norme. L'innovation sociale des nouveaux sports - du roller et du skate - c'est d'avoir œuvré de l'intérieur, faisant du hors-piste peut-être, mais en partant du centre, de la piste balisée, tout en refusant de s'y tenir sagement.

Le hors-piste urbain est une invention récente. Non pas que le patin à roulettes le soit[23] ; le fait nouveau est dans le rapport qu'entretient désormais cette pratique avec le milieu

---

[23] De fait, on parlait déjà en 1876 à Paris de « rinkomanie » : « *Le skatinage est à la mode. Il a avantageusement remplacé le vélocipède. (...) On skatine partout, c'est de la frénésie* », notait un observateur, en ajoutant cependant : « *Les skatineurs ne se livrent à leur plaisir que dans des endroits spéciaux, et ne peuvent se faire de mal qu'entre eux* » (H. Mouhot, *La Rinkomanie*, 1876 - cité par : Nieswizski, 1991, p. 35). Mais la conquête des espaces publics par les skaters est contemporaine.

urbain quand elle sort des *skating-palais*. C'est cette connivence entre l'homme et la ville, l'urbanité de sa pratique de glisse qui est neuve, inédite et, tranquillement, révolutionnaire. Au cœur des enjeux sociaux, culturels, économiques contemporains et non à la périphérie, agissent des acteurs novateurs décidés à imposer leur façon de voir l'avenir, à le négocier s'il faut faire les choses en douceur, à la force de la cheville dans le cas contraire...

La chance des néo-sportifs est d'avoir longtemps passé pour des révolutionnaires farfelus, agissant dans le champ du divertissement et du temps libre. La montée des sports *fun* dans les années 60 a contribué à donner d'eux une image amusante et paisible dont les héritiers « agressifs » ont su jouer pour s'imposer. Les surfers - dont on se prend à penser qu'ils représentent en fin de compte l'image du beau-fils idéal américain, malgré des dérapages dans le post-hippie hard, drogues, braquages, perversions sexuelles et sectes millénaristes - ont accoutumé le citoyen et homme de la rue à la présence sur son territoire de figures atypiques mais finalement pas si menaçantes. La menace est venue après, plus diffuse mais non moins lourde. Cependant, cette accoutumance visuelle[24] au phénomène de la glisse et du hors-piste urbain ne doit pas nous faire oublier que tout le monde n'est pas favorable à une libre circulation des patineurs sur les espaces publics, notamment les routes et les trottoirs. De nombreuses villes ont même adopté des règlements interdisant les *riders* dans la rue (Calogirou et Touché, 1995). Les différentes tentatives d'assigner les rollers à résidence sous prétexte, par exemple, qu'ils ont eu droit ces dernières années à des endroits spécifiquement conçus pour

---

24 A Lausanne, les transports publics (TL) ont contribué à cette accoutumance, en autorisant les rollers à monter dans le bus avec les patins, ce qui leur était interdit au début du mouvement et jusqu'en 1995.

eux (tels les rampes et les skateparks installés aujourd'hui dans de nombreuses villes), ou alors qu'il existe, sur les quais, dans les jardins publics, les parcs et les promenades de beaux espaces offrant une totale sécurité aux patineurs petits et grands, ces tentatives font l'impasse sur le fait que le monde des rollers n'est pas homogène, qu'il n'y a pas une seule sorte de roller ni une seule façon de patiner. Si certains adeptes du jogging ou de la promenade dominicale sont aujourd'hui montés sur des roulettes, d'autres ne considèrent le patin que comme un moyen de transport, alors que d'autres encore y voient la seule manière de tutoyer les cieux avec un peu de classe tandis qu'une poignée d'irréductibles descendeurs persistent à vouloir utiliser les avenues en pente comme une piste de bobsleigh... Tout cela pour dire que, puisqu'il faut de tout pour faire un monde et que le patinage sur roulettes est tout un monde, on y trouve de tout, des performers les plus casse-cou aux papys poussant la poussette de junior... Dans tous les cas, cela reste une « *pratique de déambulation, de découverte de spots propices aux sensations nouvelles* » (Calogirou et Touché, 1995, p. 42), mais à des niveaux différents et au nom de valeurs diverses.

On peut malgré cet éclatement des pratiques, essayer de dessiner quelques unes des principales figures et familles du patin. Sans compter les combinaisons supplémentaires liées au choix des armes (in-line, quad, skateboard...) ou à la discipline annoncée (street, rampe, descente, slalom, hockey...), on peut dire que les glisseurs urbains contemporains se regroupent en cinq tribus plus ou moins homogènes, suffisamment en tout cas pour que l'on puisse parler de cinq « figures » du roller :
- Le patineur de rue « agressif », dans sa version hors-piste ou « en laboratoire », sur une aire de street ;
- Le « voltigeur », sur la rampe, le half-pipe, ou la mini-rampe

- Le patineur « fitness », en promenade, au parc ou sur une avenue ;
- Le roller-moyen de transport ;
- Les hockeyeurs, amateurs de sports d'équipe (*street-hockey*), minoritaires et haïs des adeptes de l'agressif.

Les lieux de prédilection de ces figures sont la rue et les espaces publics urbains pour les premiers ; les skateparks et les lieux artificiels d'exercice pour les seconds ; les bords du lac et les parcs pour les troisièmes ; la ville équipée de pistes rollables pour les quatrièmes et le pied des immeubles et les cours d'école pour les derniers.

À chacune de ces figures correspond un style plus moins radical, en rupture ou non avec les pratiques habituelles des usagers de la ville, et un look particulier. Ces regroupements « familiaux » n'ont cependant une certaine pertinence que dans la mesure où ceux censés en faire partie le ressentent ainsi. En effet, la glisse étant pour une large part un phénomène de sensation (sensationnel/senti), le sens donné par chaque *rider* à son appartenance à l'un ou l'autre des groupes susmentionnés en conforte ou non la réalité. Ce n'est que parce que les adeptes du patin agressif se reconnaissent comme partageant un certain nombre de valeurs en plus de la connaissance de mêmes gestes, de mêmes techniques, d'un même style dans l'exécution, que l'on peut parler d'une « figure agressive », de même d'une « figure fitness ». La sociologie se permet généralement de regrouper les individus qu'elle observe en classes, secteurs, groupes sociaux sans demander leur avis aux intéressés : Pensez-vous faire partie des classes défavorisées ? Oui. Non. Ne sais pas... Dans le cas d'une sociologie des nouveaux sports urbains, l'analyse montre que l'individu, pour une bonne part, fait partie d'un groupe particulier parce qu'il *désire* en faire partie, parce qu'il sait en faire partie. Un intellectuel petit-bourgeois même le désirant fortement ne pourra jamais être de la classe ouvrière (ce fut, il y a vingt-cinq ans, la tragédie des maoïstes français). Par contre, un patineur non affilié peut parfaitement devenir un *streeter* parce qu'il le veut et à partir de ce désir premier, appartenir à un groupe de *street* et en partager les valeurs primitives et les pantalons ultra-larges... Ce sera bien sûr, en dernier lieu, la capacité physique et *morale* à être un roller agressif qui conditionnera l'entrée dans le groupe et la légitimité d'appartenance à la tribu dont on pourra alors emprunter les mots, les idées, la gestuelle, les vêtements... Ainsi, si, dans un premier temps, la glisse - urbaine, dans le cas du roller – « *n'est définissable qu'à l'aune individuelle car elle est sensation dénuée de références* » (Loret, 1997, p. 35), il faut bien comprendre que c'est en définitive le groupe comme sensation collective qui donne sa finalité à cette sensation individuelle, en lui permettant de s'insérer dans un système de relations sociales. Donc, si le roller reste un individualiste dans la pratique de sa routine ludico-sportive, il n'en est pas moins irrémédiablement un être profondément socialisé par les membres de son *team*.

La théorie de la dérive appliquée au hors-piste urbain

Si le roller est fondamentalement un être de la socialisation, c'est peut-être qu'il suit intuitivement les recommandations des théoriciens situationnistes de la dérive urbaine : « *On peut dériver seul, mais tout indique que la répartition numérique la plus fructueuse consiste en plusieurs petits groupes de deux ou trois personnes parvenues à une même prise de conscience, le recoupement des impressions de ces différents groupes devant permettre d'aboutir à des conclusions objectives* » (Debord, 1956, p. 7). Notamment à l'établissement assez précis d'une cartographie des dérives habituelles des rollers lausannois par des observateurs étrangers à leurs déambulations (Linder et Grolimund, 1993).

L'intérêt sociologique d'une telle pratique de la dérive urbaine est qu'elle fonde une sociabilité particulière, celle d'individus dont l'errance n'est pas dépressive mais pédagogique : en dérivant, on apprend la ville ; celle, aussi, tissée - avec des liens flous et peu formalisés - de relations fortes et signifiantes. Cette sociabilité est extrêmement spatialisée, c'est-à-dire dépendante de l'espace où elle est actualisée. C'est bien la ville comme champ spatial qui permet l'ancrage d'une relation interindividuelle dès lors plus spatiale que sociale. Plus que des valeurs échangées dans la discussion, deux rollers vont partager un lieu, la rampe peut-être et il s'agit alors d'une dérive « étroite », ou une rue, un trottoir, un *spot*... La rencontre sportive peut, littéralement, avoir *lieu*. Mais c'est la qualité « affective » de ce lieu qui permettra ou non le partage. « *Le champ spatial de la dérive est plus ou moins précis ou vague selon que cette activité vise plutôt à l'étude d'un terrain ou à des résultats affectifs déroutants (...). Dans tous les cas, le champ spatial est d'abord fonction des bases de départ constituées, pour les sujets isolés, par leurs domiciles, et pour les groupes, par les points de réunions choisis. L'étendue maximum de ce champ ne dépasse pas l'ensemble d'une grande ville et de ses banlieues. Son étendue minimum peut être bornée à une petite unité d'ambiance : un seul quartier, ou même un seul îlot s'il en vaut la peine (...). L'exploration d'un champ spatial fixé suppose donc l'établissement de bases, et le calcul des directions de pénétration. C'est ici qu'intervient l'étude des cartes, tant courantes qu'écologiques ou psycho-géographiques, la rectification et l'amélioration de ces cartes* » (Debord, 1956, p. 8). On peut d'ailleurs penser que tout roller est capable d'établir de telles cartes mentales, à partir de sa perception pratique du terrain, dans n'importe quelle ville connue ou inconnue de lui car la dérive hors-piste permet de telles transpositions et déductions.

Bien sûr, tous les rollers ne sont pas capables de dériver aussi totalement que le jeu de la découverte le voudrait. « *Les difficultés de la dérive sont celles de la liberté. Tout porte à croire que l'avenir précipitera le changement irréversible du comportement et du décor de la société actuelle. Un jour, on construira des villes pour dériver. On peut utiliser, avec des retouches relativement légères, certaines zones qui existent déjà. On peut utiliser certaines personnes qui existent déjà* » (Debord, 1956, p. 10). Ce pari, fait il y a plus de quarante ans, pourrait être gagné aujourd'hui par les aventuriers du hors-piste urbain, ceux dont la dérive est permise par leur attachement profond à l'espace construit. Encore faudrait-il que les urbanistes et les aménagistes municipaux permettent eux aussi ce jeu ludique avec les lieux qu'ils projettent et réalisent.

Enfin, la précarité de l'équilibre du roller et son jeu « en l'air » lui permettent de multiplier à l'infini les variables de perception de l'espace et donc ses vécus intimes de la ville, celle qu'il habite comme celle où il vient de débarquer. Il est, sur ce point, surprenant de voir à quel point des rollers étrangers peuvent rapidement connaître, en la glissant, l'intimité d'une ville qu'ils découvrent.

No coach, no training ?

Le fait que le but avoué du nouveau sportif soit le plaisir de découvrir des sensations et des émotions inédites, pas plus que le refus affiché de la morale sportive de l'abnégation et de la souffrance rédemptrice, ne doivent nous empêcher de voir à quel point les glisseurs s'entraînent pour parvenir à réussir le moindre de leurs gestes, le plus petit envol et chacune de leur « retombée ». Les ethnologues français Marc Touché et Claire Calogirou montrent combien les skaters s'exercent : des journées entières à « *rentrer telle figure, à sauter tel obstacle, à maîtriser vitesse et équilibre. La plupart du temps, cet entraînement sportif se fait quotidien* » (p. 43). Le plaisir est recherché. « *Mais cette dimension n'exonère pas de la répétition quasi quotidienne des figures, anciennes ou nouvelles, de sorte que la déambulation s'apparente à un entraînement sportif qui peut être réalisé n'importe où et n'importe quand, devant chez soi ou dans des lieux cachés du regard (...). Combinaison de jeu et de sport, peut-être le skate est-il ce que Pierre Parlebas (1986) appelle un quasi-jeu sportif»* » (Calogirou et Touché, 1995, p. 45). La grande différence avec ce qu'est d'habitude l'entraînement des sportifs, c'est qu'il se fait en principe sans entraîneur – malgré la demande des parents et des écoles -, sur la base de figures que l'on a vu faire au skatepark ou sur une vidéo et que l'on essaie de reproduire ou d'adapter à ses propres possibilités.

S'il y a parfois un « enseignant », c'est généralement quelqu'un du groupe qui, un jour, montre ce qu'il sait faire aux autres ; le lendemain, un autre membre du groupe montrera une nouvelle figure que les copains tenteront de reproduire. L'entraîneur, l'aîné savant qui dirige la manœuvre a disparu ; il peut y avoir un « maître » (presque un maître de cérémonie, un MC, au sens hip hop) et des « disciples », mais les rôles ne sont pas fixés formellement et peuvent évoluer. D'ailleurs quelle que puisse être l'expérience d'un patineur et son savoir-faire sportif, c'est encore l'improvisation de nouvelles figures qui prévaut et donc chacun, à tout moment, est capable de devenir le maître. Sur ce point, il faut voir l'importance de la prise de risque. Les blessures, bien que tout roller tienne à les éviter, font partie de la légende des patineurs et de l'esthétique d'un mouvement qui se veut rebelle, en accélération, agressif et extrême ! *Beyond the extrême*, le plâtre ? Peut-être pas forcément, mais une belle plaie – la fameuse « pizza » des Lausannois -, une fracture ancienne ou une cicatrice au menton ne peuvent qu'améliorer l'image du skater et donc renforcer son statut : le leader du jour ne le sera que si on le sent capable de prendre des risques, à la recherche du bon *spot*. Mais de toute manière, le freestyle étant quand même le fonds de commerce de la glisse urbaine et au vu de la quantité de nouvelles figures ou de nouvelles variantes qui s'inventent tous les jours, comme d'ailleurs l'amélioration constante du matériel et les possibilités infinies qu'il paraît désormais offrir, un entraîneur ne peut pas avoir une légitimité logistique. De plus, le fait que le patinage soit, malgré tout, une activité individuelle, rend un quelconque coach encore moins nécessaire. Il ne peut jamais y avoir qu'un seul entraîneur : soi-même, et un type d'entraînement : sur le tas. « *Que l'on pratique seul ou en groupe, l'essentiel est le dépassement de soi sous le regard des autres, la recherche de sensations nouvelles, l'écoute de son corps, en vibration avec le son, en résonance métallique avec les matériaux. Le plaisir de la glisse s'effectue dans la quête de plaisirs immédiats* » (Calogirou et Touché, 1995, p. 45). L'entraîneur ne sait rien de ces choses-là...

A Tribe called roller...

Les figures présentées ci-dessus sont plutôt des figures de l'individualisme. Mais, mises en relation, elles évoquent tout de même des formes d'*association*, moins au sens juridique (même si cela arrive fréquemment) qu'affinitaire. Pourtant, de telles associations se présentent davantage comme des regroupements culturels que comme des groupes sociaux et on peut se demander si l'on peut vraiment tenter d'associer, même symboliquement, des figures et des styles - donc des modèles culturels et des projets - aussi différents que ceux que nous avons pu identifier, dans une seule structure porteuse d'aspirations collectives.

Il y a plus de dix ans, les premiers observateurs du mouvement néo-sportif soulignaient l'importance du paradigme individualiste dans l'identité de ces activités : « *Les nouveaux sports sont dirigés prioritairement vers le moi plutôt que vers les autres. Ils n'ont donc pas originellement d'effet de socialisation, mais au contraire un effet de mise à l'écart du sportif. Loin des foules et même de ses proches, ce dernier apparaît comme un jouisseur égoïste* » (Maurice, 1987, p. 81). À partir de là, il est difficile de parler de la *socialité* des néo-sportifs. Pourtant, on se rend vite compte que le glisseur ne pratique jamais seul très longtemps. Il lui faut au moins une présence, celle de l'alter ego qui « fait exister » le néo-sportif socialement. « *L'autre sera un égal dans le sport, il se fera observateur, enregistreur et moniteur de son vis-à-vis dans une relation de parfaite réciprocité. À deux, on skie, on surfe et on « planche » mieux. Le couple ou le tandem est donc le premier et probablement le degré idéal de la socialité des nouveaux sports* » (Maurice, 1987, p. 81). Cet individualisme bicéphale prend cependant place à l'intérieur du groupe d'amis, du réseau, dont l'identité est liée au lieu de pratique, telle plage pour les surfers, telle combe pour les snowboarders, tel *spot* pour les *riders*... Le caractère secret et sélectif de ce *spot* fait qu'il devient l'élément central de la sociabilité du groupe. C'est ce *spot* « *qui assure le choix des alter ego et qui fait de proche en proche que la pluralité des égaux remplace peu à peu le tête-à-tête du tandem. Le spot n'appelle à lui que ceux qui le méritent (...). Le groupe d'amateurs se construit autour du spot comme un cercle dont l'idéal serait de ne comporter qu'un seul membre, mais qui tolère des adhésions successives, sur la base de l'égalité des compétences et des mérites* » (Maurice, 1987, p. 82). Le caractère élitaire n'exclut pas la création collective, mais celle-ci reste fragile et susceptible d'être engloutie par l'arrivée de trop d'amateurs : « *Imagine ça chez toi. Être envahi par des gens qui viennent surpeupler la plage, surpeupler les vagues et qui en plus ne font pas preuve de respect* » (le surfer Shawn Briley, cité in : Ride On, Biarritz, mars-avril 1997). On n'est pas si loin de la socialité des sociétés secrètes décrites au début du siècle par Georg Simmel (Maffesoli, 1988, p. 147).

Cette microsociété n'est cependant fondée a priori que sur la capacité sportive. « *La mutualité est donc requise en préalable, puis elle devient cultivée par l'égalité affichée des matériels, des connaissances, du langage, du look. Les nouveaux sportifs apparaissent comme les doux adeptes d'une monomanie* » (Maurice, 1987, p. 82). Cela dit, les néo-sportifs ne sont pas sectaires - en tout cas ne pensent pas l'être - et leur sociabilité est certainement englobante, leur réseau affinitaire s'étendant en tache d'huile : « *Cette sociabilité se construit du centre vers la périphérie. Elle peut ainsi s'étendre à une communauté affective, esthétique de valeurs, dérivée de la pratique sportive. (...) Pour autant, cette communauté de valeurs a soin de laisser de côté bien des caractéristiques du sportif en tant qu'individu. Il n'est pas rare en effet de voir des passionnés de la planche à voile surfer ensemble pendant des semaines ou des mois, sans chercher à connaître l'identité sociale de leur compagnon de jeu, encore moins ses convictions politiques ou idéologiques, s'il en est. Le groupe d'amateurs est donc de circonstance* » (Maurice, 1987, p. 83). Des gens se rencontrent, s'évaluent sur le terrain, s'estiment et vont *rider* ensemble ou pas. Mais ce qui pourrait passer pour de la superficialité relationnelle est en fait l'invention d'une forme particulièrement libérée de lien social puisque l'individu n'est jugé que sur ce qu'il prétend faire et non sur ce qu'il est censé être par ailleurs. Des fils de médecin et d'ouvrier immigré peuvent *rider* ensemble sans qu'il n'y ait le moindre décalage culturel, parce que leur culture est la glisse, valeur et pratique comprises et partagées. C'est la « brève séquence » néo-sportive qui remplit l'existence des deux *riders* et permet la communication totale. Ce n'est pas un défaut de l'homme postmoderne condamné aux relations partielles et superficielles mais le choix d'individus conscients de leurs désirs.

Les groupes affinitaires ainsi constitués sur la base de tandems électifs tendent à proposer un modèle de société où la réalisation harmonieuse de soi n'est pas soumise aux autres mais ne les oublie pas et, dans la mesure du possible, cherche à en bénéficier. Ainsi en va-t-il des innovations techniques néo-sportives : elles circulent dans la mouvance et sont améliorées du fait de leur circulation. Individualiste sociable, le glisseur contemporain annonce les socialités du prochain siècle : le collectivisme affinitaire exprimé dans des pratiques individuelles de groupe. Une société forcément paradoxale, forcément moderne...

Les rollers : un manifeste néo-tribal ?

Comme tous les groupes à forte identité et aux moyens d'expressions variés, les *riders* et la plupart des autres « associations libres » de néo-sportifs peuvent apparaître parfois comme relevant d'une forme post-moderne de tribu : « *Ces structures compétitives inédites vont générer des formes de sociabilités sportives très éloignées de la notion d'«équipe» pour donner naissance à un type d'organisation sociale inattendu dans le monde du sport : la tribu. La socialité fun est tribale* » (Loret, 1995, p. 93). Dans le cas des funboarders, « *ils sont plus proches de la horde que du classique rassemblement d'équipes sportives venant disputer un championnat. (...) Cette horde possède des rites particuliers qui rythment les runs (...), ses castes* ». Dans le cas des snowboarders, la horde est guerrière ou, puisque l'on est post-moderne, *gangsta*. En effet, « *leur objectif consiste à «défendre» un territoire, c'est-à-dire un spot, à la fois contre l'envahissement des « blaireaux » et contre l'invasion des autres gangs. Certains clans, en effet, sont nomades et cherchent donc à investir des spots déjà reconnus et balisés par d'autres tribus* » (Loret, 1995, pp. 93-94). Celles-ci prétendent parfois se composer comme des vraies bandes armées mais, comme le reconnaît Loret, il est souvent difficile, dans cette guerre du *fun*, de faire la part du sérieux et de la plaisanterie. Est-ce vraiment le plus primaire des esprits de gang, comme le pensent certains observateurs ? Nous pensons, pour notre part, qu'il s'agit d'une dénonciation « par la bande » de l'esprit de sérieux qui imprègne le sport en général et le monde du ski en particulier, fût-ce le ski des touristes. Personne ne se prend plus au sérieux qu'un skieur du dimanche qui doit rentabiliser son abonnement journalier ! C'est cette perversion de la joie de glisser par les amateurs malheureux que dénoncent les tribus.

Les « manifestes néo-sportifs » rédigés comme des parodies joyeuses des tables de la loi, participent grandement à cette salutaire opération de désacralisation des rituels moroses. Ainsi en va-t-il des manifestes néo-tribaux et autres dix commandements qui sont devenus une étape obligée dans la création de toute société néo-sportive qui se respecte. Citons, pour exemple, le manifeste néo-tribal dit des « Dix commandements et des poussières » des snowboarders[25],

---

25 Cités par Loret, 1995, p. 97.

certainement l'un des plus appliqués à la montagne :

« *1. Sans relâche, sur tout ce qui bouge tu glisseras (vague, pente, piste, rampe, air, toile cirée, moquette du salon...).*
2. Point de blaireau tu ne fréquenteras (sous peine d'être damné à jamais et privé de hamburger aussi).
3. Toujours ton look tu soigneras (oublie le fluo, mon frère).
4. Jamais la peur du risque ne t'effleurera (ou alors, semblant de ne pas les avoir à zéro tu feras).
5. Seulement ton sponsor bassement tu flatteras (ta croûte il faudra bien que tu gagnes).
6. Sans cesse en quête de galbes torrides tu seras (sans que nuire à ta divine mission de glisse cela puisse).
7. Jamais bière mexicaine tu ne refuseras (Corona por favor).
8. Toujours voitures et chambres d'hôtel tu pourriras.
9. Du soir au matin Tribus tu reliras
10. Cool toujours tu seras (...) ».

Ou encore, plus radical et plus sérieux - plus politique aussi, ce manifeste « surf des neiges » paru en 1993 dans le magazine Wind (cité in : Loret, 1995, p. 98) :

« *- Vous n'aurez jamais de seconde chance.*
- Aimez votre prochain. Be nice.
- Ne laissez personne vous dicter votre style.
- Faites face à la peur.
- Refusez le pouvoir. Trahissez les pouvoirs.
- Apprenez le silence. Celui qui grandit l'âme.
- Le pire est toujours à venir.
- Cherchez à vous élever. Pas à briller au milieu de la foule.
- Le surf est un art et la montagne une toile infinie.
- Refusez les écoles. Suivez votre inspiration.
- No pain. No gain. No guts. No glory. No work. No pride.
- Le jour se lève (...), il est à vous et à personne d'autre.

- Allez en paix ».

Ces tables de la loi prennent toute leur saveur si on les compare, comme l'a fait Alain Loret, à d'autres « dix commandements », ceux qui, à la fin du siècle passé, furent à l'origine de la Fédération Française de football :

« *1. Un seul but tu chercheras : te divertir chrétiennement.*
2. De ton patro observeras le règlement soigneusement.
3. Au capitaine obéiras toujours fort scrupuleusement.
4. Pour les arbitres tu seras soumis, poli, spontanément.
5. Pendant le jeu tu garderas ta place rigoureusement.
6. Dans la partie ne parleras quoi qu'il arrive, aucunement.
7. Avec grand soin t'entraîneras sans cesse courageusement.
8. Tous les bons conseils tu suivras d'où qu'ils te viennent, fermement.
9. Des autres tu ne médiras par derrière trop méchamment.
10. Nul rabatteur n'écouteras, ils te perdraient assurément ».

On calcule mieux le chemin parcouru !...

Le temps des rollers, bandes ou association ?

Dans la société contemporaine, les modes de vie « *ne se structurent plus à partir d'un pôle unifié (...), ils sont tributaires d'occurrences, d'expériences et de situations fort variées. Toutes choses qui induisent des regroupements affinitaires* » (Maffesoli, 1988, p. 131). Une sociologie, même de type compréhensive, ne peut avoir un autre point de départ que l'axiome selon lequel l'individu ne saurait agir ni penser seul. Il peut y avoir des individus solitaires, isolés, ils peuvent se sentir seuls ou même exclus, ils n'en seront pas moins des êtres sociaux. Dans le monde parfois nombriliste ou narcissique du hors-piste urbain, même le plus individualiste des glisseurs a besoin du groupe, que ce soit pour lui permettre d'évaluer son niveau autrement qu'à l'aune de sa satisfaction personnelle (même si cela reste le critère suprême) et donc d'esquisser une manière de compétition, généralement présentée comme une rivalité amicale avec d'autres skaters, leur permettant de former un groupe, plutôt une sorte de troupe théâtrale qu'un gang ; ou que ce soit comme spectateur qui, justement en raison de ce narcissisme patineur, est souhaité admirateur. La glisse en milieu urbain est la pratique ludico-sportive individuelle d'un groupe. Ainsi celui-ci apparaît-il comme « *l'instrument d'une quête d'identité, permet-il l'affirmation de soi à travers un savoir-faire, une technique qui libère de la timidité, favorise l'épanouissement. Il s'agit aussi, ensemble, de se protéger de l'ennui par une trame solide d'habitudes, de routines, de retrouvailles. Par un rituel donc, qui a pour fonction première de renforcer le lien communautaire, de réaffermir l'unité du groupe, avec l'espoir, pour chacun, d'une appropriation de soi par la rencontre avec l'autre* » (Fize, 1993b, p. 169).

La joyeuse et sauvage reconquête des espaces publics urbains est en fait hyper ritualisée, comme le sont toutes les pratiques de gang, tous les éléments constitutifs d'une socialité particulière qui comporte le risque de faire de la microsociété des glisseurs urbains un ghetto culturel. Comme pour les gangs, le trop fort lien social contient sa possible exclusion. Mais elle aussi garante du style de la *mifa* (la famille), de la tribu... Dans les deux cas, la socialisation est incontournable, elle découle du caractère social de notre condition humaine. Mais elle n'empêche pas l'individu-roller de créer, d'adopter et d'affiner un style qui lui soit personnel, car « *il faut que le point de vue individuel l'emporte sur le point de vue de la fausse participation collective* » (Vaneigem, 1967, p. 191). Mais, dans notre sociologie du hors-piste urbain, c'est bien le collectif d'individus stylés qui nous intéresse et non telle ou telle psychologie particulière. Ainsi, que certains skysurfers soient plus ou moins barjots ne nous informe sur ce sport que si nous parvenons à rendre signifiante *socialement* cette « folie ».

Michel Maffesoli (1988, p. 125) suggère de nommer *socialité* la forme ludique de la socialisation, une façon de jouer à la fois son insertion sociale et son appartenance à des modèles culturels et identitaires, et de déjouer les mécanismes de la reproduction sociale. Dans le champ des nouveaux sports, le jeu est ironique, enjoué, parodique. On connaît les codes en usage et ses classiques mais on feint de les ignorer. On cherche autre chose. Face à la réalité de la vie, la glisse devient une sorte d'utopie momentanément réalisée - le temps de suivre la crête d'une vague pour le surfer, d'une dune de neige pour le snowbaorder, de l'arête d'un muret pour le roller... Dans ces moments, le jeu du social est sincère. Sinon, le reste de la journée, comme celui qui travaille dans un bureau, au volant d'un camion ou au micro d'une radio F.M., il joue, à être un skater et à « faire » skater. Pour cela, les moyens classiques restent opérationnels : les habits, la coupe de cheveux, la façon de déambuler, les outils, l'équipement, participent à la construction sociale de son propre personnage comme on avait un peu perdu l'habitude de le faire, depuis une trentaine d'années et une relative homogénéité des styles de la culture jeune.

En suivant Michel Maffesoli (1988, p. 110) et « *pour faire bref, on peut dire que, suivant les époques, un type de sensibilité prédomine ; un style qui spécifie les rapports que nous établissons avec les autres* ». Le mode d'association relative ou circonstancielle des skaters s'inscrit certainement dans un style relationnel contemporain que nous pourrions décrire comme un lien de solidarité et de réciprocité non formel. En effet, il n'est pas défini par l'appartenance formelle des personnes impliquées dans la construction de ce lien à une structure réglementée de quelque manière que ce soit. C'est plutôt de liens de *larrons* (puisqu'on sait que c'est l'occasion qui fait le larron) dont il faudrait parler : l'occasion de patiner à la fois « crée » le groupe de patineurs et « collectivise » la pratique elle-même, puisqu'il est certain que l'on ne patine pas de la même manière ni aux mêmes endroits que l'on glisse seul ou en compagnie. Pourtant, la fusion du groupe de rollers est relative, presque totale si l'on parle de valeurs et d'idéologie, minimale si l'on observe le patinage comme exercice musculaire uniquement. Car on ne patine en groupe qu'aux yeux d'un observateur extérieur ; le patineur descend, slalome, chute, seul, pas en groupe. Il n'en reste pas moins que l'insertion d'un soliste dans un mouvement collectif donne à sa pratique une « manière » qu'elle n'aurait pas en dehors de celui-ci. Mais ce n'est que dans les groupes réunissant des petits et des grands, des bons et des moins bons que le groupe devient véritablement signifiant en imposant à chacun une attitude dépendante des mouvements de tous les autres, dans la prise en charge des petits, vigilance et avant-garde aux carrefours lors de la pratique du hors-piste, etc.

Ces associations temporaires et spatialisées ne sont ni contractuelles ni rationnelles au sens où elles reposeraient sur des intérêts stratégiques partagés et l'espérance de bénéfices d'un type ou d'un autre. Les rollers sont associés plutôt affectivement, sentimentalement en quelque sorte, sur la base d'affinités électives ou sélectives dépendantes du niveau technique du patineur mais aussi de son appartenance effective ou potentielle à la culture du groupe, qui peut être la culture roller considérée globalement comme une *culturation* urbaine, ou une sous-culture de celle-ci n'en partageant qu'un certain nombre des pratiques, valeurs, modèles et modes d'être et de paraître. Les goûts musicaux sont, par exemple, extrêmement structurants et que l'on préfère l'ambiance Camping-Côte d'Azur et danser la Macarena, ou que l'on soit un fan absolu du rappeur hardcore Joey Starr, on ne se retrouvera certainement pas à patiner dans un même groupe...

Les signes identitaires de ces groupes restent cependant largement flous et indéfinis. Pour cette raison, il vaut mieux parler de l'appartenance des skaters à des *socialités* particulières qu'à des groupes sociaux dont on pourrait facilement caractériser les traits les plus marquants. On se heurte bien entendu tout de suite à une difficulté, la sociabilité étant une nébuleuse que l'on ne fait que commencer à étudier en sociologie, « *ce qui explique qu'une recherche peut être approximative, partielle, parfois cahotante, à l'image de ses rassemblements sur lesquels on n'a aucune certitude. Mais l'enjeu, encore une fois, est d'importance et je fais le pari que l'avenir de nos disciplines dépend essentiellement de notre capacité à savoir rendre compte du grouillement en question* » (Maffesoli, 1988, p. 111). Quel que soit notre point de vue sur l'utilisation du mot grouillement, on voit bien à quel point est indispensable l'étude des faits sociaux véritablement contemporains, en surgissement et en fabrication, ce que nous appellerons pour notre part des *culturations*, dont la plupart sont aujourd'hui urbaines, même si cette étude est rendue difficile par le caractère précisément non fixé de ces phénomènes. C'est une sociologie des apparitions collectives et elle est nécessaire à l'entendement du monde tel qu'il se dessine en cette fin de siècle. Mieux : par ce biais, on peut prétendre à une assez bonne compréhension des socialités du XXIème siècle. En effet, quand on aura compris de quelle manière les gens vont probablement être en relation dans les prochaines années, ou au moins identifié les tendances principales, on saura certainement mieux à quoi s'attendre en matière d'organisation sociale.

L'étude, dans cette perspective, des nouveaux sports et de leurs socialités prophétiques est un moyen très performant de s'initier à l'entendement du prochain millénaire. Ce n'est pas absolu, mais les prospectives des économistes non plus, après tout. À ce propos, on voit qu'une fois encore est invalidée l'hypothèse saugrenue d'une fin des idéologies et de l'histoire. La sportivisation de la société et le réenchantement trompeur qu'on lui doit révèlent bien la présence d'une idéologie et d'une historicité. Ce n'est qu'à la possible disparition des idéologies politiques conventionnelles que l'on a peut-être assisté, mais, si l'on sort de cet égocentrisme de politologue, on verra bien que non seulement le social continue à produire de nouvelles idées quant à un « vouloir être ensemble » mais aussi que, si le retour à l'individualisme s'est fait au niveau de l'engagement politique, le désir de relation n'a continué à s'exprimer qu'avec plus de force dans le champ du social, donc dans le champ sportif qui en est actuellement une expression forte et multiple. Maffesoli a raison de dire que le manger contemporain est traversé par d'infinies variantes de relations affectives.

Mais on peut dire qu'il en va de même dans tous les moments de sport contemporains, que le sport soit pratiqué, vu, lu ou discuté. « *Au vieux débat sur la structure et l'Histoire se substitue alors celui du hasard et de la nécessité des histoires quotidiennes* » (Maffesoli, 1988, p. 135), au nombre et au premier rang desquels nous mettrons l'histoire quotidienne des adolescents et de la ville, la romance de l'asphalte et du mouvement, une socialité urbaine, métropolitaine même, dont les fondements ne sont pas rationnels mais organiques. D'ailleurs, les nouveaux sports sont des sports romantiques ou impressionnistes, au contraire des sports d'équipe conventionnels qui sont des sports réalistes ou expressionnistes.

La qualité particulière des relations tissant la toile du groupe-réseau fait que l'on a pu parfois être surpris, en discutant avec un roller, de le voir si dénué d'intérêt pour les grandes questions d'actualité (pauvreté, inégalités, racisme, environnement, chômage, etc.). La sensibilité souvent très fine des patineurs ne les empêche pas d'avoir l'air « hors du monde » et ne pensons-nous pas parfois, en nous croyant différents d'eux, que « *les groupes constituant les masses contemporaines n'ont pas d'idéal ? Peut-être faudrait-il mieux remarquer qu'ils n'ont pas une vision de ce que doit être dans l'absolu une société. Chaque groupe est pour soi-même son propre absolu* » (Maffesoli, 1988, p. 137). Pour prendre un exemple, on peut être très affecté par l'assassinat du rappeur Tupac Shakur et être incapable de faire le lien avec le drame ordinaire de noirs américains, le premier fait trouvant naturellement sa place dans l'affect du groupe, le second ne lui parlant pas. Cette faible capacité de relier le niveau de réalité personnelle (pouvant contenir des événements extérieurs mais signifiants à l'intérieur du système du groupe) avec le niveau de réalité générale peut être considérée comme une faiblesse. Dans les faits, elle permet surtout au groupe ou au réseau de ne pas s'encombrer de relations qu'il ne pourrait assumer et qui l'immobiliseraient et le culpabiliseraient. Il peut ainsi rester disponible et actif pour ses tâches alternatives de prédilection. D'aucuns y verront un des pires attributs de la post-modernité. Pour notre part, nous parlerons plutôt d'une sorte d'innocence politique qui pourrait bien présager pourtant de grands changements sociaux au prochain siècle. Cette « autosuffisance » du petit groupe de complices est aussi la force d'une pensée entièrement *présente*. Elle s'oppose à la fois aux pensées nostalgiques (celle de la boxe, du football, du base-ball aux USA, etc.) tournées vers le passé, et aux pensées prospectives tournées vers l'avenir - qui sont celles des grandes structures du sport (J.O., FIFA, etc.) et des grands clubs (PSG, Inter Milan, Barcelona, etc.) -, c'est-à-dire aux stratégies d'expansions commerciales et médiatiques.

Ces qualités instantanéistes donnent aux socialités néo-sportives ce caractère novateur défini comme spontané et créatif. Leur effervescence est intime, partagée de manière très modeste (sauf pendant les contests), elle se situe donc à un tout autre niveau que les effervescences sportives des grands événements (analysés notamment par Bromberger, 1995). Ceci explique l'impression que l'on peut avoir, comme à chaque fois que l'on pénètre sur le territoire où règne un groupe à la fois soudé mais flou, que le milieu roller est sympathique mais relativement fermé et secret et que le non-initié est peu ou prou tenu à l'écart, comme s'il était le seul à ne pas être dans le secret, ce qui est d'ailleurs le cas : le secret du skater, c'est son pacte avec l'apesanteur et celui qui ne fait que marcher est évidemment un borgne au royaume des voyants !... La connaissance intime, vécue, dégustée, savourée, presque mystique de la sensation de glissement n'est pas très répandue dans nos sociétés de rendement et l'initiation n'est pas facile pour quiconque cherche à découvrir les mécanismes de ce groupe. C'est ce que Maffesoli (1988, p. 143) nomme l'hypothèse de la centralité souterraine. Ce qui est central est peut-être enterré, *underground*, dira-t-on. « *La confiance qui s'établit entre les membres du groupe s'exprime par des rituels, des signes de reconnaissance spécifiques, qui n'ont d'autre but que de fortifier le petit groupe contre le grand groupe (...). Le partage secret de l'affect, tout en confortant les liens proches, permet de résister aux tentatives d'uniformisation* » (Maffesoli, 1988, p. 144). Voilà la ruse du groupe qui se paie en plus le luxe de montrer les mécanismes de la ruse. L'une des plus fameuses à Lausanne est le skatepark HS36 ; c'est une ruse énorme avec la Municipalité et les Services de la Jeunesse et le Service de la Police et des Sports (sic) qui se montre publiquement comme une ruse réussie. Plus fort, c'est que cette ruse ne vise pas explicitement à favoriser la « sécurité » de l'entreprise alternative, pas plus qu'elle ne correspond à un désir de durer en tant que telle. C'est une entreprise réussie dans le présent dont le projet est de nouveaux présents joyeux et non pas d'hypothétiques lendemains.

Il n'est pas étonnant que de tels principes spontanéistes aient fait passer auprès des organisations sportives les néo-organisateurs sportifs pour des anarchistes à la recherche d'un ordre sportif sans État, non pas déréglé mais déréglementé au maximum (ce qui est exprimé, ironiquement, par le laconisme des commandements des snowboarders ou des skaters[26]). Ce processus, à l'œuvre dans le champ des sports contemporains, agit aussi à bien d'autres niveaux et ce que l'on définit trop hâtivement de crise est en fait ce que le sociologue américain Daniel Bell (1992) appelle un âge axial, une longue période de transformation et de changement social global.

Mais il ne faudrait pas conclure hâtivement au triomphe de l'ultra-individualisme corporel, d'une sorte de néo-libéralisme sportif. Car le refus, évident et proclamé par certains, des « structures », fédératives, associatives, étatiques..., ne fait que conforter le lien entre tous ceux qui, d'une manière ou d'une autre, *refusent*. Le narcissisme dont nous parlions plus haut n'est, par suite, pas la manie d'un seul mais plutôt un système de défense collective qui permet aux rollers (mais il en va de même pour les squatters, par exemple, les bikers ou les body-builders) de se maintenir à l'écart des logiques sociales dominantes sans avoir à le payer

---

26 Voir plus haut, pp. 114-115.

au prix fort d'une marginalisation. Les patineurs, maîtres dans l'art d'esquiver les passants et les divers obstacles et défis que constituent le mobilier urbain et les voitures, ont aussi appris à éviter les divers pièges de l'engagement et du solennel. Mêmes les sponsors ne parviennent pas toujours à être pris au sérieux par leurs champions. « *En fait, cet évitement, ce relativisme peuvent être des tactiques qui assurent la seule chose dont la masse se sente responsable : la perdurence des groupes qui la constituent* » (Maffesoli, 1988, p. 142). Ici, continuer d'exister comme groupe à part peut suffire aux rollers, d'autant plus que des réussites sociales telles que les skateparks, l'organisation de compétitions alternatives et, à leur suite, la myriade de petites entreprises liées à la glisse sont là pour démontrer que la stratégie est payante.

On peut, d'une certaine manière, parler d'une culture de résistance, même - ou surtout ? - si elle a réussi à infiltrer les institutions. Faut-il aller plus loin et, comme le suggère Maffesoli, parler de liaison de trois termes : secret, populaire, résistance ? Peut-être, si nous donnons à populaire, le sens originel de ce qui appartient au peuple. Mais il n'est pas certain que le peuple, même mis à mal, soit devenu aujourd'hui urbain et alternatif et qu'il soit prêt, dans son ensemble, à voir dans la glisse et le hors-piste une métaphore de sa condition sur terre... La révolution des nouveaux sports est donc peut-être simplement d'avoir mis cette affectivité liée aux échanges sportifs au centre de leur vie de citoyen et non pas en bordure, comme quelque chose d'accessoire dont on cache l'attachement qu'on lui porte. Combien de grands industriels ont entretenu avec le football les mêmes rapports qu'un bourgeois honteux avec sa danseuse ? Les skaters, se sachant plutôt danseurs qu'industriels, décident en principe de se passer des subventions des « bourgeois », préférant l'alliance avec le semblable qu'avec ceux pour qui ils continuent à représenter l'altérité sauvage, l'alternative absolue, quelque chose comme une petite horde sentimentale dont le cœur bat, forcément, à contretemps des autres cœurs mieux domestiqués de la cité mais capables de fonctionner seuls. Les cœurs des skaters ne battent qu'à l'unisson et il n'est alors plus étonnant de dire que la socialité du roller participe de ce qu'à l'occasion d'un précédent travail sur le lien social des gangs des bidonvilles de Caracas (Pedrazzini et Sanchez R., 1997), nous avons appelé un anti-individualisme primaire.

Il est évident que le patineur urbain, comme le membre d'un gang et quelles que soient les activités, délictueuses ou non, ayant explicitement fondé ce gang, ne peut évoluer *normalement* qu'à l'intérieur d'un groupe, d'une structure nette ou floue mais non individualiste, ou de *l'hypothèse* de ce groupe, autrement de la possibilité, vécue comme certaine, qu'un tel groupe existe ou puisse exister. Ce lien, peu défini pour ceux qu'il connecte comme pour ceux qui l'observent, « *établit plutôt un rapport en creux, ce que j'appellerai un rapport tactile : dans la masse, on se croise, se frôle, se touche, des interactions s'établissent, des cristallisations s'opèrent et des groupes se forment* » (Maffesoli, 1988, p. 112). On se reconnaît comme pouvant appartenir à un même groupe hypothétique. Dans le cas des skaters, ces interactions sont supportées par une pratique forte qui est le patinage lui-même comme expression inscrite dans l'espace public. Les dimensions exactes, l'extension, la notoriété de ce groupe une fois cristallisé sont variables. Il peut être un groupe d'amis aux activités confidentielles et confinées dans les limites d'un quartier anonyme ou être, comme le groupe de surfers de Malibu réunis autour de Mickey Dora dans les années 60, le mythe fondateur d'une « civilisation » (mythique au point que l'on ne puisse plus savoir s'il a vraiment existé[27]). Toujours est-il qu'une première ébauche du groupe fondateur des socialités novatrices va se dessiner à l'une ou l'autre de ces échelles et à propos d'un mode d'expression particulier. C'est, par exemple, les pionniers du Contest et de la Fièvre, au début des années 90 à Lausanne. On a alors, inscrite dans la trame relationnelle, quelque chose qui est de l'ordre de ce que Maffesoli appelle une forme de *communion des saints* qui est à l'origine d'un *ethos en formation*, un centre moral prêt à s'étendre. « *C'est cela qui délimite ce nouvel Esprit du temps que l'on peut appeler socialité* » (Maffesoli, 1988, p 112).

Les groupes de rock - qu'ils aient eu quelque influence sur l'histoire de la musique populaire moderne ou qu'ils n'aient connu la gloire que dans quelques rues, le temps d'une kermesse et d'une baston - sont très représentatifs de cet état d'esprit (Ricard, 1994 ; Cathus, 1994). Les skaters qui sont issus de la même révolution culturelle d'après-guerre, fonctionnent d'une manière similaire. Aujourd'hui, quarante ans après que les beatniks eurent enclenché l'anti-machine américaine, le refus d'une société de consommation est encore à l'origine de la plupart des nouveaux sports. Bien sûr, peu échappent à la logique de consommation, mais on soupçonnera que cette servitude volontaire qui fait que les plus libres des surfers ou des snowboarders mangent dans la main de fabricants de planches ou de sportwears est largement ironique. Il s'agit toujours d'être un clown parodiant l'appartenance au système et à « L'Industrie » (les méchants marchands du temple !) plutôt que d'en être le gigolo. Mais ce n'est pas facile de faire la différence ! Toujours est-il que, d'une manière ou d'une autre, un

---

27 La glisse et le *fun* sont des mondes où foisonnent les figures mythiques, celles dont la pureté exceptionnelle des intentions est cautionnée par une relation ambiguë avec les sponsors...

mouvement de résistance à l'idéologie progressiste de la première moitié du siècle a pris de l'importance dans la seconde moitié et qu'il s'est exprimé avec une grande prédilection pour le mouvement sportif qu'il a en quelque sorte aboli. Ce qui reste aujourd'hui du sport est réinvesti, pour le meilleur, dans l'ancien champ culturel par des forces « artistiques » non cultivées et, pour le pire, dans l'ancien champ sportif par le commerce et le marché. Sur les décombres, de nouvelles entreprises s'initient cependant. Les socialités néo-sportives sont au nombre de celles-ci et ce que Maffesoli nomme le néo-tribalisme et que l'on pourrait définir comme l'état du lien social contemporain (Pavageau, Gilbert et Pedrazzini, dirs., 1997) est indiscutablement l'un des gros moteurs de nos sociétés. Ce néo-tribalisme « *qui, sous ses diverses formes, refuse de se reconnaître dans quelque projet politique que ce soit, qui ne s'inscrit dans aucune finalité, et qui a pour seule raison d'être le souci d'un présent vécu collectivement* » (Maffesoli, 1988, p. 114), semble fortement à l'œuvre dans le milieu de la glisse.

Ce néo-tribalisme est-il un tribalisme postindustriel, une forme ultime de sociabilité métropolitaine, celle des bandes, avant cet oubli du lien social qu'est la post-modernité? L'apolitisme associé à cet état flou n'est pas le fait de tous les *riders*. En effet, revenons un instant sur ce refus supposé du projet politique. S'il est vrai que nous n'avons rencontré aucun skater explicitement engagé dans un parti ou même soutenant une position politique particulière, il serait faux de parler de refus du projet politique tant l'attitude radicale des glisseurs urbains, à l'image de leurs valeurs les plus communément partagées sont, de fait, l'expression de postures idéologiques que, sans trop nous avancer, nous situerons proches d'une sensibilité de gauche, antiautoritaire et antiraciste de type hip hop, avec une force particulière chez les adeptes du skate « sauvage », proches, par leurs pratiques nomades, des milieux squatters. Plus important encore : les skaters sont antifascistes quand il faut. Dans le courrier des lecteurs du magazine Ride On (mars-avril 1997), on peut lire une lettre ouverte d'un skater de Monthey à Jean-Marie Le Pen (leader de l'extême-droite en France). En voici quelques extraits : « *La nouvelle vague, tu vas te la prendre dans la face. Oui, cher ennemi, la surf attitude (snow, skate, surf) n'a aucun rapport avec tes malversations futiles. Nous cherchons à donner un sens à la vie et il s'avère que cette dernière n'a pas de prix que ce soit au Nord, au Sud, à l'Est, à l'Ouest. Blanc, noir, brun, jaune et rouge sont les couleurs d'une bannière que nous brandissons fièrement (...). Ne mêle plus jamais tes intentions à notre monde familial du surf* »...

Plus clairement liée à notre recherche, cette attitude politique pourrait trouver à s'exprimer dans ce « dépassement du principe d'individuation » dont parle Maffesoli à propos des néo-tribus. Ce dépassement se fait selon une double logique caractéristique des années 90 : tout d'abord, on l'a vu, il s'agit d'une logique anti-individualiste, le refus, exprimé par le corps tel que l'on en fait usage et tel qu'on le vêt, de se retrouver seul sur sa planète. Notre gestuelle, notre look, mais aussi nos habitudes et notre routine est une « offre » faite aux autres de venir nous rejoindre et peupler cette planète, amicalement ou amoureusement.

Ce dépassement peut, bien entendu, équivaloir à une tentative de fuir la société et sa pesanteur qui, avec l'installation dans la crise, va en s'accentuant. Pour le skater, il peut s'agir alors d'une tentative d'évasion[28]. En glissant

---

28 « *Quand on patine, on n'entend plus le monde extérieur. On se sent tellement fort qu'on a l'impression que personne ne peut nous arrêter. Tous les problèmes d'argent, de chômage, dès qu'on patine on oublie tous ces soucis* » dit Ivano, poseur de moquettes au chômage et prince des patineurs de Lausanne dans le film « Rolling »

dans la ville et en se glissant ainsi dans la peau d'un autre qui parvient à s'échapper, il fuit d'abord l'organisation sociale et les institutions chargées d'en garantir le bon fonctionnement et au premier rang desquelles il placera, étant jeune, les institutions chargées de la culture - il fuira alors les musées, les écoles de musique, les cours de danse... - mais surtout les institutions sportives auxquelles le destinent la famille, l'école, les copains... « *Mais le fait de fuir, ou à tout le moins de ne pas porter attention aux institutions, ne signifie nullement la fin du* religare. *Celui-ci peut s'investir ailleurs* » (Maffesoli, 1988, p. 119). Le skater, comme le b-boy, fuit pour chercher de la reliance, en des lieux où la technologie et la science sont au service d'une idée poétique et non des monstres de Baal. C'est le cas des nouveaux sports et des musiques électriques, deux catégories partageant d'ailleurs souvent de mêmes espaces en *friches* (Touché, 1996 ; Calogirou, 1996), ce qui ne doit pas surprendre : en effet, « *le skate est une nouvelle pratique de la ville. C'est pourquoi on peut dire qu'il est un autre maillon de cette culture adolescente que nous définirons comme une culture urbaine. (...) Rap, tag, graff, skate, roller : le lien est certain. Tout ça vient de la rue* » (Fize, 1993a, p. 168).

Cette *reliaison* - pour ne pas parler même au sens étymologique, de religion - est généralement profane. Mais elle est toujours à la fois résultante et source d'émotions, de sensations, de passions, avec les problèmes de repérages que cela implique. Ce désarroi est celui de toutes les époques fortement transitoires et de tous les phénomènes non stables ou nomades. Pour cette raison, même dans le sport - surtout dans le sport, diront les connaisseurs des légendes du football – « *la socialité et le tribalisme qui la constituent sont*

---

de Peter Entell, 1997, avec Ivano Gagliardo et Emmanuelle Bigot (extrait du dossier de presse).

essentiellement tragiques : les thèmes de l'apparence, de l'affectif, de l'orgiastique indiquent tous la finitude et la précarité, mais L.V. Thomas l'a fortement souligné, tous les rites de mort préparent le « passage vers la vie ». C'est cela l'enjeu essentiel de la socialité, permettre de penser ce qui est porteur d'avenir au sein même de ce qui s'achève. Le désabusement vis-à-vis de tout ce qui fut prégnant dans le bourgeoisisme ne doit pas masquer les formes particulièrement vivaces qui sont en train de naître. En mourant à lui-même, l'individu permet que l'espèce perdure » (Maffesoli, 1988, p. 120).

L'âge d'or du sport a été clos par les sportifs eux-mêmes devenus des entrepreneurs, les petits industriels de leur corps. Une époque s'achève. L'avenir se dessine même si, apparemment, le présent... patine. Les perspectives sont réduites, les limitations nombreuses et l'euphorie rare. Contre la certitude de sa finitude, le skater x-treme s'emporte violemment en se jetant dans le vide, un vide que peut-être les pilotes de planeurs trouveront tout à fait relatif mais qu'il nous faut comprendre symboliquement comme une image du vide que l'on affronte et que l'on parvient à vaincre si on retombe sans se casser la figure ou si on arrive sans mal au bas de la descente.

La précarité, « mimée » sur le *handrail* par le roller engagé dans un *run*, est celle de la vie même, précarité économique, affective, sociale, familiale, toutes dimensions aujourd'hui en équilibre précaire. Mais l'invocation de cette précarité humaine est pardonnée parce que le *rider* invoque en même temps, dans le même geste enlevé, le triomphe possible au-delà d'elle. Le spectateur, un instant abasourdi par la démonstration de sa tragique fragilité, se reprend en constatant que la même énergie qui déséquilibre permet de ne pas tomber, de survoler les simples mortels. Car, « *à travers la révélation du dieu que chacun porte en soi, la tragédie sportive touche tout un chacun* » (Sirost, 1997, p. 17). Dans le même temps, le sportif ludique, potentiellement vaincu par la gravité et menacé de marginalisation par le système sportif reposant sur la victoire, reconquiert son statut : de la malédiction du perdant au génie du style et de l'innovation, il y a peu mais c'est tout ce qui sépare la passion égoïste du *fun* de l'émotion partagée, transmise, de la glisse urbaine. C'est alors seulement que l'on peut dire que « *le sportif est par excellence le porteur, le rhapsode de l'expression hédoniste. De manière alternative, il pourvoit à l'éclatement de soi dans l'autre. Le génie est bien cette «puissance de socialité» qui rend possible au cœur du partage « la pénétration de l'imagination par la sensibilité, et par la sensibilité aimante, expressive, féconde*[29] *». La démarche sportive - qu'elle émane du surfer ou d'un autre - relate cette capacité à ensauvager la vie, à s'unir de manière intense en un être unique et pourtant pluriel à la fois. Suivre la vague évoque le réveil du sauvage que chacun porte en soi et qui vient dans un élan mystique, fusionner au grand tout de la Nature. C'est sans doute là l'ultime message du sportif : se fondre dans l'âme du monde en y mettant du baume* » (Sirost, 1997, p. 20).

Dans la ville, la « nature » est urbaine, et le dieu sauvage, plutôt que de se fondre en elle, lui donne son supplément d'âme, le jeu avec la vie étant alors cette réfutation de l'anonymat et de la solitude que l'on dit être ceux des grandes cités. Plus encore que le sportif qui en est un simple acteur, c'est le sport comme culture qui « sauve » aujourd'hui la ville de la précarité, de l'abandon et de la dépression. « *Le sport est la présentation postmoderne du*

[29] Guyau, J.-M., *L'art du point de vue sociologique*, Paris, Alcan, 1901, p. 29 (cité par l'auteur).

refoulé qui s'extériorise de manière nomade autour de l'agrégation d'un style, l'expression d'un génie, la contagion d'une émotion. Rien de plus en somme que la révélation de ce qui se présente en creux dans la vie quotidienne, et resurgit chaque fois que la contemplation s'enflamme » (Sirost, 1997, p. 21). Le secret pour que le feu prenne, est dans le style et *l'amour* pour l'apesanteur[30]. Le sauvage postmoderne, s'il est à l'évidence victime - ou produit - de la grande croyance contemporaine selon laquelle tout conflit peut se résoudre dans le champ sportif (l'exemple fameux des casseurs de banlieues pacifiées par le streetball !...), est tout de même mieux que cela : il est le possible réenchanteur du monde.

Le skater, altérité et alternative urbaine

« *On peut dire que c'est à partir de la conception qu'une époque se fait de l'Altérité, que l'on peut déterminer la forme essentielle d'une société donnée. Ainsi, corrélativement à l'existence d'une sensation collective, on va voir se développer une logique de réseau. C'est-à-dire que les processus d'attraction et de répulsion vont se faire par choix. On assiste à l'élaboration de ce que je propose d'appeler une socialité élective* » (Maffesoli, 1988, p. 132). Voilà pour notre société post-moderne. Qu'en est-il du champ sportif et,

---

30 Les rollers partagent encore un autre secret : la quête du *spot*. Ils courent le monde « *à la recherche du spot idéal comme des chevaliers du Graal. Le spot est cet emplacement quasiment mythique, car il en est toujours de meilleurs et de plus légendaires, où la nature est plus vraie, les sensations plus vives, et dont personne, sinon quelques initiés qui, par définition, le méritent, ne situent l'emplacement exact* » (Maurice, 1987. p. 78). Mais quand des yeux - ou des patins - impurs se sont posés sur le spot, toute magie l'abandonne et il faut reprendre le long chemin et la quête d'un nouveau Graal.

par suite, du champ néo-sportif ? Si, comme nombre de chercheurs l'ont noté, nos sociétés occidentales se sont peu à peu *sportivisées*, le sport comme pratique sérieuse ou ludique et comme idéologie devenant de plus en plus un modèle de référence hégémonique, il nous faut également chercher la conception contemporaine de l'Altérité dans le champ sportif. Le skater *underground* lausannois - autrement dit celui qui a le plus su préserver l'idéal du hors-piste social - se positionne aujourd'hui comme l'outsider absolu, le dernier rebelle authentique, celui qui est capable de nous faire croire encore, à défaut de lendemains qui chantent, à des présents qui roulent...

La passion sportive, pour le plus grand nombre, s'est transformée en une sorte de karaoké : d'autres que nous, dont on a enregistré préalablement les efforts – ou, ce qui ne change rien, dont on voit les efforts en direct - sont des *vrais* sportifs. Ils en ont les couleurs et les talents. Il ne nous reste plus qu'à plaquer notre passion sportive sur ces hommes et ces femmes qui courent, sautent, se battent, et à gesticuler vaguement, dans une caricature de *ola* hooliganesque, nous levant de notre fauteuil parfois, rageant, exultant, nous embrassant à chaque goal, insultant l'arbitre, nous effondrant épuisés par toutes ces choses vues. La chaire est triste et j'ai suivi tous les matchs... Surgit alors la passion alternative. Dans la rue, sur nos trottoirs, dans nos cages d'escaliers, l'altérité sportive attaque. Et quelle est-elle, en fin de compte ? Rien qu'une pratique libre qui, sans y penser, révèle à quel point est faux le sport-télé et à quel point est coercitif le sport que l'on doit pratiquer aux heures d'entraînement ! Sans caricaturer les propos d'un Guy Debord sur la société du spectacle, on ne peut que se réjouir de voir, dans les skateparks, dans les parcs, dans la rue, la pratique musculaire du *faire* sportif s'attaquer aussi puissamment au *voir* sportif, en une combinaison nouvelle de l'œil - qui voit loin - et des jambes - qui portent le corps au loin. Ce n'est pas sans une certaine jubilation que l'on voit cette société - devenue, ces derniers cinq ans, plus encore que celle du spectacle, une société du virtuel - être si évidemment défaite (fût-ce localement) sur le terrain de la pratique sportive. Mais comme il s'agit d'un sport relatif et extrêmement social et socialisant, on est en droit d'espérer des skaters une mise en cause plus générale de cette société du virtuel et de ses ordonnateurs.

Une socialité antisociale du roller ?

Cette communauté de jeunes gens reliés par une commune passion pour le patinage en ligne ou la planche à roulettes ne s'écarte-t-elle pas du reste de la société au fur et à mesure qu'elle précise ce qui fait son identité ? Cette interrogation, que l'on peut avoir à propos de n'importe quel groupe fortement identifié, depuis l'intérieur (même si tous les patineurs ne sont pas rollers ou skaters de la même façon) comme de l'extérieur (tout le monde *sait* aujourd'hui - en tout cas à Lausanne - ce qu'*est* un roller), est cependant particulièrement pertinente dans le contexte des nouveaux sports de glisse qui se sont, dès l'origine, appliqués à rompre avec « l'époque d'avant » du sport et du champ social qu'il avait imprégné depuis un siècle environ.

Cette époque antérieure du sport est aussi celle d'une manière de penser le corps. Le corps n'est plus cet handicap ou cette punition de l'âme, ainsi que l'a longtemps considéré l'Église Catholique. Mais ce n'est pas encore l'époque *fun* où le corps est un instrument de plaisir, pas forcément sexuel. C'est un corps dont on s'occupe, un capital de santé dont on se préoccupe en amateur ou en professionnel. Mais avec l'arrivée des nouveaux sports, on découvre un nouveau rapport à son corps : « *Hors limite, hors balisage, hors « banalisage », la glisse est l'intuition du temps et de l'espace. Elle représente une aventure motrice. C'est une alternative corporelle* » (Loret, 1997, p. 4). « Tout pouvoir à ton corps ! », dit un hymne de la culture techno. Certains ont de petites aventures avec leur corps, se réservant par exemple les fins d'après-midi pour un petit jogging ou les dimanches d'hiver pour le snowboard. D'autres décident de vivre « leur vie entière comme aventure » (Simmel, 1989), vouant dès lors leurs jours et leurs nuits à la glisse, un type de glisse ou toutes les glisses, mais soumettant les autres moments de leurs journées - le travail, les études, l'amour, la famille, les économies, les vacances... - au désir de glisser. Dans ce cas, les *riders* ne peuvent qu'être x-tremistes car ceux pour qui la glisse n'est ni un loisir ni une thérapie sont condamnés à la vivre comme « *une épreuve individuelle (...) dans des zones toujours « extrêmes » dépourvues de tous repères ordinaires et communs. Glisser serait ainsi une façon différente de percevoir son corps et de le risquer. Loin des compétiteurs, le glisseur réinventerait en permanence les axiomes sportifs hors de tous systèmes et structures rationnels et, surtout, traditionnels* » (Loret, 1997, p. 4).

Mais on ne peut se contenter d'observer cette réinvention dans le seul champ sportif ; ce serait contenir, a priori, les potentiels d'une révolution culturelle à l'intérieur des limites, plutôt étroites, du sport. En fait, on ne peut côtoyer des skaters sans se rendre compte à quel point ils agissent dans le champ social et culturel et presque pas dans le champ sportif. Il ne peut donc plus y avoir pour les absolus *riders* ni de soumission au monde du travail - il faut donc réinventer le travail - ni à la famille - il faut donc réinventer la famille, et les amis/semblables sont là pour ça - ni à l'éducation - et il faut donc réinventer l'éducation, le savoir, la pensée... Voilà pourquoi cette révolution sportive déborde le sport, même si un nombre grandissant d'adeptes du roller, du skater, du windsurf, sont des pratiquants *soft*, tièdes, des révolutionnaires du dimanche, le nez dans l'assiette-skieur. Malgré cela, ce débordement est l'espoir du prochain siècle, dans le monde devenu obèse du sport comme dans celui de la vie sociale devenue, plus simplement, triste. En affichant clairement leurs intentions sécessionnistes, les glisseurs urbains cherchent à réenchanter une société au lien social défait, une société défaite. Leur travail agit au niveau le plus haut – « l'âme » - comme au niveau le plus *vulgaire*. En effet, les modes de reliance sociale sont de deux types : verbal et non verbal, pour tout être humain socialisé y compris les skateboarders... Dans la première catégorie, il y a le langage parlé et la façon dont il est transcrit dans la presse spécialisée ; dans la seconde, il y a tout le reste. Ce sont dans ces deux champs d'expression que s'affirme la spécificité des sociabilités des patineurs.

En les lisant, en les écoutant parler, on se rend compte que les rollers, ni gang, ni tribu, ni même « associés » ou « fédérés », constituent un groupe aux structures flexibles, mais partageant un même « centre moral » au sens où le définit l'écrivain américain Russel Banks[31], à savoir des valeurs proches mais pas forcément exprimées par de mêmes pratiques (ainsi le hip hop...). Ce groupe participe à ce titre à l'établissement des nouvelles règles de convivialité urbaine, en ces temps qu'aucuns ont dit post-modernes. Les classes sociales ont été mélangées par la débâcle générale de la modernité et les inégalités ont été redistribuées selon d'autres critères par l'ultra libéralisme et la mondialisation. Les jeunes se sont ainsi retrouvés regroupés selon leurs appartenances culturelles, celles-ci dépendant pour une grande part des affinités musicales et sportives. Les différences subsistent

---

31 in : Les Inrockuptibles n°121, Paris, 8-14 octobre 1997, pp 21-22.

mais comme éparpillées à l'intérieur du corps social, disséminées en creux dans l'ensemble de la société et non pas bien rangées dans l'une ou l'autre de ses strates. La société urbaine, en *culturisant* par l'environnement spatial l'ensemble des pratiques contemporaines - urbanisation des pratiques sportives, notamment - a favorisé le collage de styles différents parfois même opposés ou franchement antagonistes. C'est ainsi que le look « antisocial » du skater doit plus à la rencontre fortuite d'un *sketballeur* et d'un dealer de crack de cinoche sur un playground qu'à la coïncidence de projets culturels. Reste que, sous un certain angle, la tribu roller a des aspects de gang. En a-t-elle les intentions ? Et, surtout, en a-t-elle les *moyens* ? !...

Une logique de gang ?

L'attitude - venue d'ailleurs autant du rap que du basket, ancien sport de prédilection des paroisses catholiques ! - dite *gangsta* est actuellement à la mode chez les 15-20 ans. Le souci essentiel - esthétique ? politique ? - de ne pas être gentil (bad boys de Marseille ?) occupe en effet à plein temps de nombreux adolescents. C'est largement le cas des nouveaux sportifs, même si la manière d'avoir l'air méchant quand on est foncièrement gentil varie d'une indiscipline sportive à l'autre. Que l'on soit surfer, *fun*boarder, skater ou grimpeur, les déguisements diffèrent et l'on oscille entre le vrai look *old bastard* et celui de l'aimable fumeur de joints... Reste cependant que les neuf dixièmes des skaters déclinent, en des teintes diverses, l'attitude cultivée du sauvage urbain (et le fait qu'au demeurant, ils soient pour la plupart des garçons de bonne famille n'empêche pas la « vérité » de cette attitude).

Est-ce pourtant à dire que le groupe, vêtu comme une horde post-atomique, promeut des valeurs préhistoriques ?

Selon Nancy Midol (1992, p. 57), « *cette communauté affiche des valeurs très archaïques, qu'on croyait dépassées ou réservées à quelques mentalités primitives ou, pis, animales. Il s'agit de la volonté de territorialiser leurs espaces de pratiques* ». N'est-ce pas une parodie des attitudes que l'on prête aux tribus, aux hordes primitives plutôt qu'une véritable mentalité néo-barbare ? Midol ne le pense pas. Pour elle, le « *regroupement en «tribu», en «clan» [n'a pas de] connotation humoristique* ». Elle croit plutôt à « *l'hypothèse d'une attitude psychologique profonde, d'une quête d'identité recouvrant un besoin de régler des problèmes intimes et sociaux en vivant le partage de nouvelles valeurs* » (p. 57). Une telle quête n'exclut cependant pas forcément l'humour. Il est néanmoins vrai que nombre de glisseurs – au premier rang desquels les snowboarders – se sont si bien appliqués à avoir l'air de débiles profonds que le doute est parfois permis ! Idem pour l'attitude agressive entretenue par fidélité au « gang »... Ainsi, pour Michel Fize (1993a) qui en a fait l'observation longue durée, les skaters et les rollers peuvent prendre place dans la typologie des bandes juvéniles, définies par lui comme des formes contemporaines de « l'entre-soi » adolescent, un entre-soi plutôt masculin d'ailleurs, ce qui rapproche la bande de rollers du gang, mais sans grande cohésion de classe, ce qui l'en éloigne.

Le patinage hors-piste, pratique d'errance dans la ville mais aussi de stationnement et d'occupation de lieux publics ainsi que de détournement du mobilier urbain, est un phénomène urbain qui peut poser certains problèmes de gestion du territoire. Ce que Maffesoli (1997) nomme la pulsion d'errance est une donnée importante du skating urbain. En effet, le patinage en ville n'est-il pas la dernière migration - minuscule - permise à l'adolescent contemporain parce qu'elle s'inscrit à l'intérieur du lieu et non hors de lui ? Cette attitude peut rappeler celle de milices patrouillant un territoire, y errant d'une certaine manière mais pour en vérifier les frontières.

Un autre phénomène va dans le sens d'une logique de gang, le fait maintes fois rappelé que le roller, à l'exception désormais notable du *fitness*, n'est *pas un sport de fillette*. Le patinage urbain, le *street* ou la rampe, sont des activités physiques éprouvantes, relativement dangereuses et qui peuvent donc laisser des traces sur le corps. Les bleus, les croûtes sanguinolentes et les fractures des poignets n'ont de valeur que dans les groupes "machos". Les rollers déambulent donc plutôt entre garçons, à la manière d'un gang de rue, et les filles sont renvoyées aux statuts de petites amies, sans avoir droit en principe de patiner avec les mecs, malgré des qualités de glisse parfois égales. Et malgré le boom du patin *fitness*, le roller/skate reste encore plutôt une activité de jeunes mâles (Fize, 1993a, p. 165)[32].

Cependant, ce qui, plus que ce machisme « intuitif », peut nous permettre de faire le lien entre les pratiques « quasi-sportives » des amateurs de *street* et l'attitude *gangsta*, c'est que toutes participent, à des degrés différents, d'une même logique du risque, typique des adolescents mais aussi d'une époque moderne aux multiples désarrois. On assiste à l'émergence d'une « *véritable consécration du risque, devenu moteur des conduites individuelles. (...) Il s'agit d'arracher dans la force de l'instant le sentiment d'existence, de s'assurer physiquement de son identité, de trouver en soi l'énergie qui donnera sens à sa vie* » (Fize, 1993a, p. 162). L'expression de cette urgence est souvent

32 Voir aussi : L. Delalex, *Le Roller Contest prend ses aises à Lausanne : Mais où sont passées les filles ?*, in : Le Nouveau Quotidien, Lausanne, 25.8.97. On apprend (?) dans cet article qu'en fait, même quand ils font mine de s'intéresser aux performances d'une fille, « *les mecs regardent essentiellement si [elle est] bien foutue* »...

prise pour de la violence, de l'agressivité et beaucoup de rollers ont des problèmes avec les passants ou même la police non pas parce qu'ils ont commis une quelconque infraction ou heurté un piéton, mais parce qu'ils donnent l'impression d'être dangereux. Le fait que cette activité ait lieu dans la rue fait qu'elle est considérée a priori comme une perturbation de l'ordre citadin. Pourtant, le roller reste encore plutôt une pratique d'*héritier* de classe moyenne ou supérieure. En outre, le risque principal est pour celui qui roule. L'instrument de motricité du roller est avant tout son corps et c'est lui qui est le plus exposé en cas de chute ou de choc. Blessures spectaculaires et lésions musculaires progressives abîment et marquent les patineurs dont la passion se paie cash. Mais il n'y a pas moyen de faire autrement : même à l'abri des regards, on ne peut pas renoncer à prendre des risques puisque ce sont ces risques qui distinguent cette pratique sportive de toutes les autres.

Dans la ville - qui n'est rien moins qu'un terrain de jeu, quels que soient les efforts des rollers pour la rendre plus ludique[33] - cette prise de risque « professionnelle » est multipliée : « *Lâché dans la ville - un espace qui n'est pas fait pour lui - sans droits, l'adolescent-skater se sent subitement doté d'une énergie et d'une liberté extraordinaires et se reconnaît bientôt « tous les droits » (...). Défi à soi permanent donc. Défi à l'autre aussi, à l'adulte, à la loi* » (Fize, 1993a, p. 167). La ville (re)devient le champ du possible.

Longtemps, la rue et toutes sortes de terrains vagues ont pu offrir aux enfants des possibilités de jeux infinies. Mais au nom d'une rationalisation de l'espace urbain et de la protection excessive de l'enfance, ils ont aujourd'hui disparu

---

33 "*Ma ville est le plus beau park/sa vie est pleine d'attraction*", comme le chante le groupe toulousain des Fabulous Trobadors (1996).

au profit de places de jeux et de terrains dits d'aventures, balisés mais inadéquats et vite désertés (Ariès, 1993 ; Duvignaud, 1978). Les raisons de la ville l'emportent sur sa poétique incertaine et les plus jeunes en sont les victimes les plus démunies. Les adultes peuvent toujours se réfugier dans les surfaces commerciales, administratives ou sur leurs lieux de travail, ce qui n'est pas possible pour les enfants. La reconversion parodique et ludique de la rue en terrain d'aventure véritable répond à cette impossibilité, la résout dans la créativité. Cela ne va pas sans conflits : « *Désordre urbain, viol de la sécurité publique, crie la collectivité* » (Fize, 1993a, p. 167). Le skate, « pratique faiblement médiatisée mais hautement stigmatisée », oblige le sociologue à redéfinir de nombreux concepts : sport, sociabilité, socialisation mais aussi espace public. Ce retour des enfants dans la rue les désigne comme de nouvelles classes dangereuses, celles des petits bandits urbains. Ce ne sont pourtant ni des marginaux, ni des autistes, mais des *hors-piste*. De là, ils parviennent à porter sur la piste, aplanie, balisée, un regard critique et salutaire. Ils sont des acteurs de la dynamique urbaine, capables d'une réflexion appliquée sur les lieux et les liens sociaux locaux. À Lausanne, le travail de « lobbying » de l'Association La Fièvre et du comité d'organisation de l'International Roller Contest est en train d'aider la Municipalité à effectuer une autre évaluation de la situation[34]. Les « valeurs de l'apesanteur », émergentes et déjà marquantes en cette fin de millénaire embourbé, ont, il est vrai, de quoi séduire les habitants des villes. Voilà un fait que les responsables des politiques publiques, tous aujourd'hui plus ou moins adeptes de la « gouvernance », ne devraient pas prendre à la légère.

---

34 Un groupe de travail sur les sports urbains a ainsi été créé par la Municipalité lausannoise en juillet 1999. Il intègre deux représentants de « l'auto-organisation sportive » locale...

Chapitre 3

LES VALEURS DE L'APESANTEUR

« *Quand on patine, on n'entend plus le monde extérieur* », dit Ivano dans le film « Rolling » (Entell, 1997) et il est vrai que la morale de la glisse urbaine, les valeurs de l'apesanteur portent apparemment plus le roller à « sortir du monde », à s'en évader, qu'à s'y confronter.

On pourrait croire le patineur rêveur parce qu'il fait rêver. Ce côté immature et non réaliste - alors même qu'il est en prise totale sur la réalité urbaine - lui est prêté au nom de son caractère *passager*. Et sous prétexte que les glisseurs, snowboarders et skateboarders en tête, sont prompts au jeu et que leur manière de pratiquer le sport est essentiellement ludique, les chercheurs en sciences humaines ont eu parfois tendance à les prendre pour de grands enfants et à les infantiliser dans leurs analyses. Même Alain Loret n'échappe pas totalement à ce piège. Dans une interview accordée au magazine Snowbeat, il déclare : « *Tous les snowboarders ont une âme de Peter Pan. Ils refusent de grandir, ils sont complètement en dehors du rationnel, du sérieux. En fait, ils reconstituent un monde qui ressemble au pays de « jamais-jamais » dans Peter Pan* »... Ce syndrome serait vrai s'il n'était vécu dans la plus totale ironie. Mais comme un snowboarder ne saurait être sérieux, il nous vient plutôt à l'esprit que les Peter Pan ne sont peut-être pas ceux que l'on pense : n'est-ce pas plutôt le PDG qui, en jouant au golf une ou deux fois par semaine, refuse de vieillir en poussant sa petite balle dans un petit trou avec son club ?... De Peter Pan, nous retiendrons donc un autre aspect : l'état d'apesanteur, la légèreté, l'esquive, l'improvisation ailée, le ballet aérien, le rêve, enfin le rire moqueur au-dessus des pirates maladroits. Car le milieu de la glisse, neigeuse ou urbaine, est producteur de valeurs hautement subversives et il est bon de ne pas conclure trop vite au caractère purement *fun* des néo-sportifs...

« Skateboarding is not a crime »

Les patineurs, comme la plupart des néo-sportifs, ont une image d'insoumis, de hors-la-loi - et pas seulement la loi de la pesanteur - et ils semblent souvent évoluer dans une dimension parallèle[35]. Néanmoins, les valeurs et la morale des *riders* ne peuvent être analysées en dehors du contexte global que constitue aujourd'hui cette avant-garde sportive contemporaine et contre-culturelle dont nous avons parlé en suivant Alain Loret. Le spécialiste français de la glisse nous dit : « *Loin des disciplines, des hiérarchies, des codes et des mesures, ce sont bien des normes inédites qui s'élaborent. Elles distinguent la participation de la confrontation, la connivence de la domination, la personnalisation des comportements de leur subordination, le libre-arbitre de l'arbitre, l'émotion de la raison. (...) [Ces sportifs] préconisent en outre des dispositifs qui accréditent l'humour, le jeu, la convivialité. Par contre, ils proscrivent la mesure traditionnelle des gestes sportifs pour générer la démesure de certaines manifestations, notamment marathoniennes. Ce renversement de valeurs possède un corollaire inattendu : de*

---

35 Dans le monde de la glisse urbaine, ce sont les skateboarders qui collent le plus à cette image de *trasher*, au point de s'en attribuer l'exclusivité et de considérer les rollers comme des fils à papa propres sur eux. Dans le magazine Crazy Roller (n° 13, décembre 1997, p. 15), les rédacteurs publient « *Les 20 raisons pour lesquelles les sk8boarders nous haïssent* », parmi lesquelles on trouve : « *Il n'y a rien de punk à recevoir des in-lines* »...

nos jours, en matière de sport, on escompte moins le résultat que l'étonnement produit par un mouvement essentiellement vécu comme stupéfiant » (Loret, 1997, p. 3).

Mais ce renversement n'est pas "pur" et, après une époque romantique, on a vu réapparaître dans le monde de la glisse, un certain nombre de valeurs du sport traditionnel dont les classements, la compétition, l'argent, les sponsors... Les valeurs néo-sportives sont en fait métissées, hétéroclites, parce que le milieu n'est pas homogène. Il serait néanmoins faux de parler de récupération et, au choix de Gauguin mentionné plus haut page 42, le skater propose une alternative : « Plutôt plagiaire que misérable - si je suis maître de mon plagiat »... Le néo-sportif reprend - comme il l'a en définitive toujours fait - ce qui l'intéresse des sports conventionnels, ce dont il peut tirer du plaisir. « *Il s'agit surtout là d'un rejet de tous comportements qui seraient platement et simplement prévisibles* » (Loret, 1997, p. 4).

Ainsi, plus qu'une attitude véritablement contre-culturelle qui voudrait que le sportif alternatif tente explicitement de *contrer* les valeurs et les pratiques de la culture sportive dominante (en s'attachant à démonter qu'elle est une production de la classe dominante), il s'agit d'une attitude d'évitement des pesanteurs d'une telle culture, rigide, protocolaire, *straight*... « *Les sports de glisse s'apparentent, métaphoriquement, à une sorte de surf démesuré sur certaines normes sociales* » (Loret, 1997, p. 4).

Dérèglement des règles élémentaires

« *Les nouveaux sports sont régis par des règles, bien que cet aspect soit moins marqué en eux que dans les sports traditionnels. Les règles résultent en effet ici non pas tant d'une création culturelle, affinée au fil du temps (tennis, football), que de contraintes physiques naturelles, interprétées le plus libéralement possible par le joueur. À cet effet, le nouveau sportif doit posséder un savoir-faire, une adresse, aussi bien physiquement que mentale, qui sont aussi un trait de l'activité ludique* » (Maurice, 1987, p. 79).

La pureté du geste ne viendra, dans l'esprit du néo-sportif, que d'une pureté des intentions. C'est du moins ce que veut faire croire la légende des glisseurs obsédés par le style, la maîtrise, l'insoumission aux modèles... Dans la réalité, les choses sont moins belles et même les plus irréductibles *trashers* reconnaissent quelques avantages à l'intérêt que portent les sponsors à leurs performances mystiques. C'est plutôt une bonne chose, puisqu'on n'a jamais réussi à faire bouger le monde avec des intentions pures ! Le roller aux patins agressifs nous intéresse donc - nous séduit - parce que, comme dans les films hollywoodiens, ce n'est jamais le gentil - le piéton respectueux des divisions territoriales de la ville, dans le cas qui nous occupe - le plus intéressant, mais le méchant, ici celui qui transgresse, transperce, perturbe les espaces urbains.

Dans la ville, le skateboarder, parce qu'il dérange les habitudes des usagers, se retrouve souvent en situation « objectivement » subversive et, de sportif de rue, se retrouve alors délinquant. Nous préférons, quant à nous, le voir comme l'*outsider* métropolitain, la figure capable de tirer la culture urbaine de son long sommeil hivernal, de la réexposer au soleil de la *vie vite*. Mais pour que tout soit possible, il nous faut commencer par oublier ce que nous croyons savoir de la culture et de la ville, et apprendre, nous aussi, à renverser notre perspective.

Renverser la perspective...

« *Le renversement de perspective implique une sorte d'anticonditionnement, non pas un conditionnement d'un type nouveau, mais une tactique ludique : le détournement. Le renversement de perspective remplace la connaissance par la praxis, l'espérance par la liberté, la médiation par la volonté de l'immédiat. Il consacre le triomphe d'un ensemble de relations humaines fondées sur trois pôles inséparables : la participation, la communication, la réalisation* » (Vaneigem, 1967, p. 194). Force est de reconnaître que les nouveaux sports ont obligé l'ensemble des acteurs sportifs à opérer, bon gré, mal gré, un renversement total de perspective dont la rapidité et la violence peuvent nous être suggérées par l'image d'un roller au sommet de son half-pipe. Ce que Mai 68 n'avait pas réussi, les patineurs l'ont peut-être réalisé !

Comme nous l'avons vu, à l'origine de la déferlante des nouveaux sports, il y a la révolution culturelle des années 60, celle initiée après la seconde guerre mondiale par les beatniks américains dont Jack Kerouac est resté, à son corps défendant, le pape alcoolique. Depuis cette époque, les révoltes ont perdu en profondeur ce qu'elles gagnaient en surface. En ce qui concerne le champ néo-sportif, elles ont pas mal perdu en subversion au fur et à mesure qu'elles gagnaient en efficacité commerciale et en adhérents cotisants.

Pour que ce renversement sportif, même en le sachant largement culturel, ait eu quelque chance d'aboutir à une véritable transformation de la société, il aurait fallu être sûr que les valeurs qui fondent l'ordre néo-sportif soient des créations collectives, partagées, et non un tissage plus ou moins laborieux de milliers de systèmes de valeurs individuels dont le plus grand dénominateur commun n'est jamais, finalement, que la pratique, pendant un temps donné, d'une même activité ou d'une activité semblable. Il aurait aussi fallu être sûr que tout le monde cherchait la même pierre philosophale. Si donc, comme le pense Alain Loret, les sports de glisse surfent métaphoriquement sur les normes sociales et si donc la chevauchée de telles vagues n'a pas entraîné d'autre révolution que celle du marché des équipements *fun* et des installations mécaniques alpines, c'est bien que les valeurs, plutôt subversives, des individus n'ont pas trouvé un contexte à leur rassemblement, pas en tout cas d'autre manière que lors de la rédaction cabotine des fameux manifestes néo-tribaux...

Malgré une sensibilité commune, les membres des clans néo-sportifs n'ont pas de projet véritablement collectif capable de les faire agir ensemble. À peine, partagent-ils un minimum de valeurs et de pratiques. Une initiative telle que l'organisation de l'International Roller Contest de Lausanne est très marginale et n'est de toute façon en fin de compte que le projet de deux ou trois personnes particulières, soutenu ensuite par quelques milliers d'adoptants tardifs. Cela dit, les glisseurs sont à l'origine de l'un des « centres moraux » forts de l'époque actuelle.

Avec celui que constitue le hip hop en tant que système de valeurs, pratiques et expressions artistico-politiques, la glisse est peut-être même le plus prometteur, en raison du degré assez remarquable d'insoumission du milieu à l'argent du commerce, au nom - la voilà l'innovation prometteuse - d'une éthique quasi moralisante. Le Comité d'Organisation du Roller Contest de Lausanne déclare « s'imposer une éthique ». Dans une interview accordée à Crazy Roller en avril 1997, son porte-parole avouait : « *...une éthique. Ce sont des règles qu'on s'est fixées dès le départ, c'est une espèce de charte morale entre nous chaque fois qu'il y a des gens qui viennent travailler avec nous, ce sont des gens qui* *comprennent ce qu'on fait et qui le font dans le même esprit. Tant qu'on fonctionne comme ça, on arrivera à échapper à certaines pressions, certains compromis, parce que ce sont les compromis qui sont dégueulasses* »... Ainsi en va-t-il, à Lausanne, des compromis avec les sponsors tabac et alcool : no way !... S'agit-il alors encore d'une subversion soft de la part d'un milieu refusant de se laisser acheter ou d'un nouveau conformisme sportif finalement bien dans la lignée du Jeunesse+Sport fédéral : pas de drogues, faites du sport ?... De telles positions pourraient en effet passer pour conservatrices si elles n'étaient par ailleurs compensées par de bonnes doses d'auto-ironie et de frime joyeuse qui font le style du glisseur.

Les règlements du skatepark HS36 de Lausanne sont ainsi à interpréter avec souplesse (sauf le port obligatoire du casque et l'interdiction de fumer dans la halle en bois !). Dans les petits flyers de prévention intitulés « Skate cool » destinés aux usagers du skatepark, les valeurs annoncées des rollers sont des valeurs hip hop : respect, tolérance, maîtrise, etc... « Hip hop » en ce sens qu'elles ne sont jamais imposées comme des normes dogmatiques mais suggérées de manière cool à ceux que l'on sait largement convaincus d'avance et « de notre camp »... On fait mine d'être moral pour se permettre de ne pas l'être tant que ça dans les faits mais ainsi, en fin de compte, l'être plus encore dans « l'esprit ». La grande différence réside même parfois cyniquement dans la volonté d'être, au quotidien, créatif et de jouer sa vie dans la catégorie la plus exigeante : « *Le jeu où nous entrons est le jeu de notre créativité. Ses règles s'opposent radicalement aux règles et aux lois qui régissent notre société. C'est un jeu de qui-perd-gagne : ce qui est tu est plus important que ce qui est dit, ce qui est vécu, plus important que ce qui est représenté sur le plan des apparences. Ce jeu, il faut le jouer jusqu'au bout* » (Vaneigem, 1967, p. 195).

L'expérience des plus jeunes et l'inversion des savoirs

« *Il est un âge où l'on enseigne ce que l'on sait ; mais il en vient ensuite un autre où l'on enseigne ce que l'on ne sait pas : cela s'appelle chercher. Vient peut-être maintenant l'âge d'une autre expérience : celle de désapprendre, de laisser travailler le remaniement imprévisible que l'oubli impose à la sédimentation des savoirs, des cultures, des croyances que l'on a traversés. Cette expérience a, je crois, un nom illustre et démodé, que j'oserai prendre ici sans complexe, au carrefour même de son étymologie : Sapientia : nul pouvoir, un peu de savoir, un peu de sagesse, et le plus de saveur possible* ». L'auteur de ce petit manifeste *fun* n'est autre que Roland Barthes. C'est ainsi qu'il clôt, il y a vingt ans, sa leçon inaugurale au Collège de France (Barthes, 1978, p. 46). Mais la marque de patins Roces ne dit rien d'autre quand, dans une publicité parue dans la presse spécialisée, elle déclare : « *La Gloire appartient à ceux qui se remettent chaque jour en question* »[36] ! Roland Barthes, mort dans la rue, sous un autobus : roi de la glisse ?

Vingt ans ont passé, mais il semble que la recherche - la quête - soit toujours la même : se déposséder de ce qu'on croit savoir pour parvenir à connaître de nouvelles choses, dont on ne se doutait pas de l'existence, des choses qui seront, par définition, puisque recherchées sans but lucratif ou de pouvoir, forcément savoureuses. Qu'elles entraînent de nouveaux déboires, de nouvelles chutes et des retours laborieux à l'enseignement ne changera rien à l'affaire : le but de l'entreprise, dont on tirera gloire ou saveur, est de surmonter l'obstacle constitué par les savoirs de ceux qui nous ont précédés. Skating Sapientia ?...

---

[36] In : Crazy Roller n° 12, Paris, octobre 1997.

En sport, rien n'est plus vrai, ni plus difficile. Comment surmonter les savoirs des entraîneurs, des coachs et autres dirigeants ? Comment échapper à la fameuse expérience des « anciens joueurs », caste haïe de tous ceux qui ont un jour joué au football devant des gradins maigrement garnis par des vétérans du club ? N'est-ce pas dans ces moments terribles que l'enfant des associations décide de tout abandonner pour filer, libre comme l'air, sur les chaussées de la ville, loin des pelouses et des tribunes, des maillots, des vestiaires, des douches, des tables de massage et des sandwichs de l'après-match ?[37]... Le football, le vrai, « la joie du peuple » aux jambes boiteuses mais capables de tous les dribbles, génie créole, magie noire, est un sport, une culture plutôt, en déshérence : nul n'en est aujourd'hui l'héritier, ni les footballeurs professionnels que la montée de leur cote a éloignés de l'esprit fantasque de Garrincha[38], ni ceux qui restent hantés par les spectres des héros du stade de Maracana mais qui, aujourd'hui, surfent sur le toit des trains qui s'en vont vers les banlieues de Rio et qui, parfois, se brûlent le corps aux câbles électriques tendus entre deux pylônes. Hors-piste, absolu, hors prize money, hors-la-loi, hors-la-vie, les briques, la boue, la coca, l'envers de la vie, la vie quand même…

En Suisse, pays où les grands joueurs de football ne seront jamais parvenus à faire vraiment rêver les petits garçons - trop blancs, trop peu techniques, trop réalistes et

[37] Les rollers font désapprendre les valeurs « sportives » aux paléo-sportifs, comme moi, nourri dès 1966 à la Coupe du Monde de football...

[38] Ronaldo est beaucoup trop riche à vingt ans pour avoir même eu envie d'hériter du père suprême, Pelé. Mais le roi lui-même a laissé la *pelada* sans héritier, et est devenu Ministre des Sports quand il aurait dû être, pieds nus, Ministre de la Rue et du Sable…

trop tôt entraînés par l'austère Karl Rappan - cette déshérence s'est faite sans pleurs, sans regrets. Il y a eu encore quelques footballeurs jusqu'au début des années 90 - la qualification de l'équipe nationale pour le Mundial américain ayant prolongé l'illusion. Après ça, il y a des rollers et des skaters. À Lausanne, le « remaniement imprévisible » a travaillé très vite, l'espace de trois contests... Des savoirs, cultures et croyances du football, et avec eux, ceux des autres sports « traditionnels », il ne reste rien : ils sont été traversés, transpercés même, par les savoirs neufs, les cultures inédites et les croyances inouïes des nouveaux sportifs, les savoirs auto-appris de la glisse, les cultures auto-organisées des skateparks et des rollershops, les croyances retrouvées, surtout, en la beauté du geste[39].

Créativité, spontanéité, rêverie...

Le geste du roller est apparemment improvisé. Le fait qu'il ne le soit pas ou rarement, ou en partie seulement ne doit pas nous empêcher d'analyser cette apparente improvisation. Elle résulte pour une large part d'un patient travail d'apprentissage des gestes, seul ou en groupe. Malgré ça, c'est quand même l'image d'une insolente liberté de mouvement et de déplacement qui colle aux rollers, « *le scandale positif de la créativité libre et totale* » (Vaneigem, 1967, p. 196). Voilà ce qu'est l'agir du skater sauvage, ce à quoi vise à mettre fin à la fois l'ordre automobile/piéton des Municipalités modernistes et les promoteurs du spectacle sportif et ludique contemporain, les premiers en empêchant toute forme « anarchiste » de la pratique sportive et de route, les seconds

---

[39] En octobre 1998, lors de la « semaine olympique » organisée à Lausanne par le Musée Olympique, c'est le roller – sport sans nom pour le CIO – qui a fait un tabac auprès des plus jeunes.

en en faisant un nouveau jeu du cirque où les machines à skater, chrétiens, ennemis vaincus ou esclaves mis à mort par les lois du direct, affrontent des lions devenus figures imposées, chronomètres et course aux sponsors... Ce qui a été perdu - d'un commun accord, semble-t-il - dans l'entreprise, c'est la spontanéité qui donnait au geste du glisseur sa beauté, son génie, sa qualité, sa poésie qui est « *l'organisation de la spontanéité créative en tant qu'elle prolonge le monde. La poésie est l'acte qui engendre des réalités nouvelles. Elle est l'accomplissement de la théorie radicale, le geste révolutionnaire par excellence* » (Vaneigem, 1967, p. 196).

Reprenons depuis le début et contentons-nous, pour le moment, de saisir ce travail de poétisation dans le champ sportivo-ludique auquel nous nous intéressons, à un moment particulier qui est celui, tout de même, d'une certaine révolution qualitative de ce champ.

Jusque dans les années 60 américaines, l'invention du surf moderne et, sur sa lancée, du skateboard, il n'y eut jamais, dans les expressions physiques comme dans celles, mieux connues, politiques et culturelles, « *qu'une liberté tolérée, une seule : le changement de numérateur, l'immuable choix de se donner un maître* » (Vaneigem, 1967, p. 197). Toute l'affaire est là, aussi simplement que cela : l'histoire des nouveaux sports, dont l'esprit s'est le moins abîmé dans le patinage agressif urbain et le skate, est cette tentative ancestrale, mais pour cette fois aboutie, non plus de se donner un nouveau maître mais de ne pas s'en donner. Être son propre maître sans esclave. C'était beaucoup demander vers 1965. Dans le champ politique, ce fut tout simplement impossible. Il y eut bien quelques réussites dans le champ culturel (beatniks, hippies, underground, punks, trashers...) mais elles ne portèrent pas à conséquence pour le système puisque, d'un commun accord, il fut convenu que ces expressions subversives resteraient marginales, les choix iconoclastes de quelques poignées d'outsiders, éventuellement recyclables sous forme de modes pour jeunes...

Puis vint le surf et l'esprit de la vague, qui déferle et emporte ou noie tout ce qui ne sait pas surfer, tout ce qui n'envisage pas la possibilité *morale* de surfer, de tout abandonner pour le surf : « *Un rouleau liquide qui virait à l'ambre dans le soleil levant remplit l'écran, creux et sans cavalier, projetant l'écume à dix mètres de hauteur. Il n'y avait aucun moyen d'expliquer cela à quelqu'un qui ne savait pas (...). Le surf peut te brancher sur cette énergie-là, si tu apprends. Mais il y a apprendre et apprendre. On nous apprend trop souvent à penser avec nos têtes et nous perdons le contact avec d'autres zones de perception, d'autres manières de voir (...). Il parla du matin où il surfa et se regarda surfer en même temps, du jour où il vit le fond de la mer à travers la transparence de sa propre chair* » (Nunn, 1995, pp. 142-143).

Cette avant-garde corporelle « révolutionnaire » - cette capacité à voir le monde à travers son propre corps - inventa en quelques années les codes de l'éthique décalée qui prévalent encore aujourd'hui dans le milieu de la glisse même si ceux qui y accordent le plus d'importance passent aujourd'hui pour des vétérans, les adeptes d'une *old school* sympathique mais désuète[40]... Ce sont pourtant eux qui ont fondé ce qui reste, malgré le retour des sponsors, des compétitions et des droits de télévision, les véritables tables de la loi néo-sportives. Le fait est que, si tout individu peut à

40 Encore que, comme le dit Passi, rappeur parisien, « *je ne suis ni de l'ancienne école du rap ni de la nouvelle, disons que je me situe dans l'école buissonnière* » (in : Les Inrockuptibles n° 130, Paris, 10-16.12.97).

tout moment trahir les convenances les plus établies du milieu, le milieu lui-même ne les trahit pas car, en tant que projet collectif et aussi floues que soient les valeurs qu'il promeut, il parvient à préserver l'image originelle, cool, mystique, irrévérencieuse, anarchiste - malgré les X-Games sur Eurosport. L'innocence et la pureté mystique des pionniers hantent, envers et contre tout, l'esprit de la glisse. « *Le dynamisme sociétal qui, d'une manière plus ou moins souterraine, parcourt le corps social est à mettre en relation avec la capacité qu'ont les micro-groupes à se créer. Il s'agit peut-être là de la création par excellence, de la création pure. (...) La constitution en réseau des micro-groupes contemporains est l'expression la plus achevée de la créativité des masses* » (Maffesoli, 1988, p. 149).

C'est cette façon de penser, traduite très exactement dans la façon de s'organiser, qui permet que la créativité demeure, malgré Rollerblade, Roces, Rossignol, Salomon, Airwalk, Gotcha[41]... Ces attitudes, pourtant passablement ambiguës, n'entachent que rarement la crédibilité du néo-sportif parce qu'il y a quelque chose en lui qui nie à tout moment ses compromis (dégueulasses ?) avec la nouvelle classe dominante, les sponsors. Ce quelque chose, c'est la distance pleine d'humour qu'il garde vis-à-vis de ses propres performances. Tous les *riders* ne savent pas rire d'eux-mêmes, loin de là. Mais la plupart ne sont pas dupes du caractère illusoire de leur « carrière » sportive pour laquelle ils n'ont, le plus souvent, qu'un intérêt secondaire, le temps de se procurer un équipement pour la saison. Le reste du temps, il leur faut s'amuser, faire le clown sur la piste (ou hors-la-piste) et amuser les amateurs et les amis.

---

41 Ces industries, comme « Le Guépard » de Visconti, ont compris qu'il leur fallait tout changer, s'ils voulaient que rien ne change...

On peut ainsi faire le portrait du roller en saltimbanque. Comme le peintre face au sérieux de l'art moderne (Starobinski, 1970), le roller a un rapport ironique à son « art », à ses performances et aux sports en général. Cette auto-image ironique, qui se traduit par exemple par le port, à la manière des rappeurs *gangsta* se moquant du vêtement *clean*, d'habits apparemment trop grands qui dénotent une maladresse apparente mais d'autant plus fausse que les habits sont inadéquats et obligent l'exécutant à une adresse plus grande encore. Ces habits, ce look d'enfant de la rue ou d'Auguste (le contraire du clown blanc aux vêtements ajustés) disent : je fais du sport, je suis un (grand) sportif - mais aussi : je n'y crois pas. Pas de survêtement, de tenue sportive particulière, pas de *croyance* sportive.

Le roller vit sa vie dans un monde qui n'est pas hors du monde, hors de la ville. À la manière des snowboarders qui, même en janvier à 2000 mètres, disent par le fait de porter des habits de street : « *Je ne suis pas un connard de sportif, je ne suis pas un amateur d'assiette-skieur. Je ne supporte pas l'Ovo-sport* » (comme nous l'a dit un jeune freerider). Et l'on pourrait presque ajouter : Je n'aime pas la neige, ni la montagne, ni le froid... Demandez à un roller ce qu'il pense d'un stade, d'une salle de gymnastique ou même d'une patinoire et vous saurez s'il *est* un roller (alors il détestera) ou si, simplement, il *fait* du roller (et il ne comprendra pas le sens de votre question !).

Subversion ou subventions ? (the skatepark dilemma)

Les nouveaux sports, ceux que l'on a dit *fun* au début des années 70 et qui furent un peu plus tard qualifiés de sports de glisse, ont certainement marqué une rupture avec l'ordre sportif international dont les six mamelles (c'est une louve romaine) sont la discipline, l'esprit de compétition, le chiffrage des performances, le respect des couleurs, la prédominance du club ou de la fédération sportive sur l'individu et l'apprentissage des règles du jeu enseignées par les plus grands aux plus petits.

Cette rupture est une traduction dans le champ sportif des ruptures culturelles et politiques réalisées par les jeunes dans les années 50 et 60. Le premier « néo-sportif » est certainement Jack Kerouac dont l'œuvre littéraire et l'éthylisme ont fait oublier qu'il était avant cela un formidable footballeur américain qui aurait dû faire carrière dans ce sport si un problème de genou n'avait mis fin à ce qui était son premier (et seul ?) rêve (Kerouac, 1991). Peut-on relire ses romans comme ceux d'un sportif fuyant l'idéologie sportive et plongeant dans les mondes antipodiques du jazz, de la poésie, de l'alcool et de la drogue (et peut-être aussi de l'homosexualité) ? Le contre-culturel beatnik, un mouvement antisportif ? Pas sûr : il n'est qu'à voir à quel point le vagabondage céleste des beatniks était aussi une épreuve physique (Kerouac, 1963). Toujours est-il que le refus de vivre soumis au cauchemar climatisé de l'American Way of Life a débordé la route et atteint en premier et de plein fouet les plages californiennes (Loret, 1995, pp. 104-141). Mais cette dissidence sportive, née originellement d'une rupture avec l'industrialisation et la technologisation de la société devenue de consommation, est paradoxale. En effet, « *dans les années 70, contestant radicalement les valeurs sportives alors dominantes, le mouvement « fun » inventa des sports avant tout ludiques, prônant notamment le retour aux sources. Animées par des aspirations hétérogènes, ces pratiques n'en furent pas moins récupérées par le raffinement technologique. La science au secours de la pensée magique* » (Midol, 1992, p. 54).

Le monde de la glisse est hétérogène, on y trouve toutes sortes de natures et de cultures sportives et non sportives, de l'ange vagabond en bus VW aux marchands du temple Salomon ou Reebok... Ce monde produit forcément des valeurs contradictoires, au point que l'on peut considérer ce caractère hétéroclite et paradoxal comme l'une des caractéristiques essentielles du « mouvement ». A-t-on donc affaire à une « *population «décalée», portée vers l'innovation et le plaisir narcissique (...), une génération venant après la libération sexuelle, quand les problématiques intimes peuvent se déprendre du sexe, pour s'investir vers des mystères radicaux, comme la vie et la mort, question limite supportant les pratiques violentes d'une représentation de la mort non morbide* » (Midol, 1992, p. 55). Ou aux derniers petits enfants de MacDo et de Coca-Cola, ce qui se fait de mieux dans le postmodernisme consommatoire, branleurs de centres commerciaux ? Difficile à dire, puisque cette « génération glisse » est paradoxale. Le cyberpunk nous a appris qu'il ne fallait pas désespérer de l'union des apparences contraires et le look du génie informatique n'est pas celui des golden boys de Wallstreet... Ni vu, Nitendo... La glisse est un concept ambigu parce qu'il implique à la fois l'évitement des obstacles et un côté fonceur. « *La glisse allie toujours la vitesse et le risque en vue d'une transcendance* » (Midol, 1992, p. 55). La vitesse, l'accélération, la glisse elle-même n'est jamais qu'un moyen de se connaître et de connaître le monde. « *La performance met en évidence que le sujet est sur la voie de la connaissance. Ce mode de pensée est oriental. Pourtant le mouvement fun n'a pas vocation mystique, il est orienté vers le sport-spectacle, en quête de débouchés médiatiques et de sponsors. Il se vend comme un produit médiatisable, pour une société consommatrice d'images, et fait recette dans les circuits pro* » (p. 55). Ne serait-ce pas qu'aujourd'hui, à une époque où l'on voudrait nous faire croire que le pape représente des valeurs spirituelles, le sport-spectacle, par une de ces perversions du système dont le capital a le secret, propose aussi une alternative *religieuse* - une façon de relier les atomes éparpillés de cette matière sociale explosée ? Car si le mouvement *fun* n'a pas vocation mystique, il en va différemment du mouvement glisse et de ses factions « non *fun* » qui, par une réflexion appliquée et quotidienne sur le vide et le vertige, sont le support extrême d'une pensée mystique contemporaine. D'ailleurs, refusant la dénomination *fun*, la plupart des rollers désirent sincèrement échapper au show – voire même au business - pour poursuivre leur quête d'apesanteur. Le fait que cette quête s'accommode sans trop de mal du spectacle et de l'argent n'est une contradiction que pour les esprits étroits qui verraient une vertu particulière dans le dénuement et la pauvreté, et l'acquisition d'un matériel adéquat et coûteux comme un péché. En fait le « mysticisme » des *riders* est paradoxal et relatif comme leur dissidence mais parce que les temps sont paradoxaux et les valeurs contemporaines relatives. La vie, surtout, est ailleurs : elle tient entière dans l'instant du geste réussi, magique. Que les sponsors se proposent d'en faire de l'argent est une péripétie de l'époque, époque complexe que l'on ne saurait comprendre sans un prodigieux – et, précisément, *spectaculaire* - effort de renversement de perspective.

Un autre exemple de ce paradoxe : la relation de dépendance quasi-filiale qu'a le roller avec son vendeur, son dealer peut-on dire, tant un glisseur ne serait rien sans son matériel. Est-ce l'absence du « père » sportif qui en est la cause ? À l'origine du mouvement *fun*, ce furent les pratiquants eux-mêmes qui inventèrent et créèrent artisanalement les premiers engins néo-sportifs, planches de surf, planches à voile, skateboards, snowboards, etc. (Bessas, 1982 ; Maurice, 1987 ; Midol, 1992). Mais, très vite, les fabricants se sont professionnalisés et, d'alliances stratégiques en *joint ventures*, sont devenus de grosses entreprises de statures parfois multinationales, même si toujours très *fun* (disent-ils !..). Si ce sont plutôt les valeurs sociales dominantes contenues dans le sport qui furent contestées et moins les valeurs sportives en soi, il faut bien noter, avec Nancy Midol, le retour paradoxal des technologies dans les sports « dissidents ». De là, faut-il conclure que l'on vit la fin d'une révolution ? Est-ce même la preuve qu'elle n'eut pas lieu ou, au contraire, le seul fait permettant de dire qu'elle a réussi puisqu'elle a surmonté, en les intégrant, les processus contre lesquels elle s'était initialement élevée ? Les opinions divergent.

Les protagonistes des nouveaux sports *fun* avaient contribué, avec des innovateurs d'autres milieux professionnels (arts, médecine, politique...), à l'invention d'un corps « *intelligent, créatif, complexe* » (Midol, 1992, p. 56), un corps également critique face aux régimes et à l'organisation du sport, capable de choisir le moment et le lieu de ses efforts et de ses repos. Pas d'entraînements les mardi et jeudi soir entre sept et neuf heures et match le samedi, mais le choix des *spots* et des bonnes ambiances. L'esthétique est importante, on ne fait pas les choses n'importe comment, sous la pluie et dans la boue, juste parce que le match est prévu. Au contraire, si le cœur (ou la météo) n'y est pas, le « forfait » est toujours possible.

Il faut retrouver le sens profond du jeu, un échange et un don, une reliance magique avec les autres et les éléments. Les nouveaux sportifs aiment faire la fête et, en tout cas, ne la refusent pas : la pratique individuelle mais aussi les rencontres sont elles-mêmes des fêtes « *en ce qu'elles transgressent les normes sportives : les participants inventent leurs règles, créent leurs disciplines, introduisent le plaisir du déguisement et de la sensualité de la musique dans les épreuves de vitesse et de style, et tournent en dérision l'autorité sportive traditionnelle* » (Midol, 1992, p. 56). Voilà, en fin de compte, la vraie subversion : non pas le refus de l'autorité sportive traditionnelle seulement, mais le soupçon d'un refus radical de toute autorité sportive - peut-être même bien de toute autorité. Ceci n'empêchant évidemment pas, le cas échéant, de négocier ! Aux temps de la gouvernance, c'est même recommandé. On en trouve un bon exemple dans l'établissement des liens courtois liant les jeunes organisateurs de l'International Roller Contest et les représentants de la Municipalité de Lausanne et permettant que se monte depuis sept ans, mi-formellement, mi-informellement, cet évènement désormais de grande renommée. Dans la même ligne de conduite, la responsable du Skatepark HS36 de cette ville vaudoise déclare « *être là pour développer le patin dans les meilleures conditions possibles, pour créer des structures, des lieux, des manifestations. On ne va pas se substituer aux parents, ni aux profs, ni à la police. Par contre, on a mis une certaine éthique au Contest et ici, dans la halle, il n'y a pas d'alcool, ni de cigarettes. C'est normal. Tu ne dis pas que tu es un sportif si tu encourages les gosses à fumer et à boire* » (Dubois et Guex, 1997, p. 9). Ces propos, que l'on qualifiera de stratégiques, sont cependant en parfait accord avec les propos les plus éculés des sportifs traditionnels. Est-ce de la simple stratégie ou une seconde nature des sportifs qui, même alternatifs, prennent au sérieux leur rôle d'éducateur ?... Un peu des deux, certainement. Quoi qu'il en soit, on nous permettra d'y voir cependant une des *ruses* de l'esprit surfer. L'intelligence pratique, la roublardise du patineur lui permet de jouer non seulement avec la vitesse mais aussi avec la ville, la ville comme espace et comme institution. Car l'on peut se demander, sans cela, quel est l'intérêt des rollers à défendre une image positive de Lausanne. Cela devrait être le dernier de leurs soucis. À moins, bien sûr, que par

« Lausanne », ils n'entendent cette matière urbaine unique, goudronnée et en pente, et non une institution politique avec ses conseillers et son syndic...

La commercialisation du hors-piste

Émis il y a déjà une décennie, le constat du journaliste suisse Antoine Maurice ne laisse pas beaucoup d'espoir aux esprits romantiques issus de la glisse : « *L'évolution des nouveaux sports est l'histoire malheureuse d'une fuite condamnée à l'échec. Elle commence dans l'atelier d'un shaper de planche à voile. Il construit son engin pour s'échapper, le dimanche, en solitaire sur le plan d'eau connu de lui seul. Elle s'achève, cent dimanches plus tard, lorsque l'atelier a été transformé en multinationale d'équipements sportifs, la foule estivale a remplacé l'amateur solitaire et le spot hors pair est devenu infâme marigot* » (Maurice, 1987, p. 84).

L'histoire de la glisse moderne est celle des affranchis de la pesanteur, rattrapés par elle et ramenés sur terre. La volonté d'évasion originelle, qu'est-elle devenue ? L'arrachement à la terre, l'échappement au quotidien banal, « *cette aspiration prend un tour aristocratique voire misanthropique ; on paiera aussi cher qu'il le faudra en courage physique et moral le privilège d'être seul ou entre égaux* » (Maurice, 1987, p. 84). Mais ce projet ne peut survivre et rester intact dans une société aussi médiatisée que la nôtre aujourd'hui, pas tant parce qu'elle est médiatisée, d'ailleurs, que parce que c'est le sport qui est l'instrument de prédilection de cette médiatisation du monde contemporain et que, même si certains glisseurs refusent d'être appelés sportifs, ils n'en fournissent pas moins le plus spectaculaire et non le moins sportif des spectacles sportifs. La pureté recherchée par les pionniers a, elle aussi, été recyclée par la télévision. De plus, seul l'État, en accordant des subventions, peut permettre aux organisateurs de refuser les sponsors en contradiction avec l'esprit du roller (alcool, cigarettes, commerce des corps...). L'indépendance vis-à-vis des commerçants signifie-t-il obligatoirement une dépendance vis-à-vis des autorités ?

Le dilemme est apparu avec l'amélioration du matériel. La poursuite des intentions pures de glisse, de la sensation extrême et du dépassement de ses propres limites oblige le glisseur à utiliser une technologie toujours plus performante et chère. « *Plus un matériel est impondérable, moins il « pardonne », c'est-à-dire plus il exige de perfection dans la pratique sportive* ». Le matériel, s'il est bon, peut seul permettre le « *passage de l'engluement temporel et matériel vers une forme de spiritualité* » (Maurice, 1987, p. 85). Le prix à payer est élevé et se chiffre aussi par le compromis historique qui, au tournant des années 90, lie irrémédiablement, tels Mephisto et Faust, le sponsor et le sportif : j'achète ton âme et tu restes performant. Dit ainsi, ça paraît un peu tragi-comique mais c'est pourtant bien le Grand Tournant des nouveaux sports : la technologie ou la mort ! Et, par suite, les qualités qui font le « bon skater » se trouvent fatalement modifiées par l'accès ou non au matériel le plus performant. Les bons footballeurs ne sont pas trop dépendants de la qualité de leurs crampons ou, disons, dans une moindre mesure, tandis que les rollers sont devenus complètement tributaires de leurs fournisseurs, du nouvel arrivage, des prototypes, comme le toxicomane de son dealer. Les critères d'évaluation déjà passablement confus des juges de contest, s'en trouvent par ailleurs encore compliqués. Qui est bon, qui est mauvais, et comment faire, dès lors, « *pour que naisse la poésie et que triomphe le scandale, simple, pur* » (Philippe Soupault), le scandale dont seuls sont capables les indomptés, ceux qui *rident* « scandaleusement » bien ?... Il faut préserver l'esprit de la glisse, « au-delà du commerce ».

Mais comment s'y prendre, aujourd'hui que sport et argent pilotent l'univers ? Premièrement revendiqués comme des actes libres et gratuits et donc comme activités économiques improductives (Maurice, 1987, p. 79), les nouveaux sports se sont avérés par la suite être au contraire de redoutables plates-formes de lancement pour des programmes économiques alternatifs. En effet, il n'est plus aujourd'hui contradictoire de constater que des activités vécues et pensées comme jeux puissent rapporter de l'argent, que ce soit même leur gratuité qui les rende rentables, à une époque de grand désarroi économique.

Prenons l'exemple désormais fameux de l'International Roller Contest de Lausanne. Qualifié de Woodstock des patineurs[42], n'est-il pas plutôt devenu le Salon de l'Auto ou la Foire Agricole du skating, et si oui, est-ce forcément la preuve que tout finit irrémédiablement récupéré ou qu'au contraire, l'esprit nouveau du sport a conquis la société contemporaine dans sa globalité jusque dans ses manifestations les plus conservatrices ? A-t-on passé, en moins de trois ans, du *fun* décalé au plaisir recalé ? La glisse a-t-elle été freinée ? C'est le genre de questions que s'est posées le magazine Crazy Roller, pourtant généralement bien intentionné à l'égard des patineurs lausannois. Dans un article publié à l'issue du contest de 1997 et intitulé « Esprit de Lausanne, es-tu là ? », un point fondamental est abordé : « *Le Comité veille à ce que l'esprit de Lausanne perdure et que les sk8ters gardent le contrôle. Mais les sk8ters eux-mêmes ont*

---

42 B. Monnard, *Les rollers ont leur Woodstock*, in : L'Hebdo n° 35, Lausanne, 29.8.96

bien changé. Car avec le bizness est venue la professionnalisation. Gagner Lausanne est devenu un objectif primordial pour certains Pros, non seulement à cause du prize money et des primes des sponsors, mais aussi pour pouvoir ensuite mieux gérer leur carrière. Autres temps, autres mœurs, des sk8ters qui dormaient autrefois chez l'habitant ont maintenant une chambre réservée par leur sponsor à l'hôtel Mövenpick. Le Contest est passé au premier plan. Les Pros se prennent la tête et prennent la tête aux juges pour être mieux classés. (...) D'un côté, on peut regretter que ce Contest à nul autre pareil soit victime de son succès et que l'esprit de Lausanne se soit un peu dissout dans la foule. Mais d'un autre côté, il faut aussi remettre les choses à leur place. Qu'est-ce qui a changé, Lausanne ou nous ?

Pourtant, à propos d'un événement néo-sportif tel que le Contest lausannois, le sociologue ne peut rester au premier rang des spectateurs et risquer de voir l'entier de son champ visuel envahi par les seuls virtuoses en démonstration d'agilité. Il lui faut aussi reculer un peu, se mettre au contraire au dernier rang, laisser passer tout le monde, grands et petits, afin de pouvoir rendre compte alors non seulement des performances sportives en tant que telles (ce que feront de toute façon les journalistes) mais aussi du monde qui se presse pour y assister, des sponsors qui s'y démènent, et encore des marchands de saucisses, de boissons gazeuses, des promeneurs arrivés là par hasard, à pied, à bicyclette ou au bout d'une laisse. Là, oui, il y a sociologie du sport, sociologie contemporaine parce qu'il y a sociologie de l'innovation sociale, qui tient moins, cette fois-ci, à l'envol de quelques-uns, qu'à la déambulation de tous les autres restés à terre les yeux grands ouverts. L'expérience du roller, quelle que puisse être l'intensité émotive de celui qui la vit, ne pèse pas lourd face à celle, énorme parce que cumulée, des milliers de gens dont l'expérience sportive est cependant - à ce moment-là du moins - indirecte. Elle en reste cependant le point de départ.

Entre 1993 et 1997, le roller est passé du passe-temps pratiqué entre copains au sport et loisir de masse pratiqué par des millions de gens dans la plupart des pays occidentaux. La différence entre une culture populaire et un phénomène de consommation de masse n'a jamais été facile à faire, qu'il s'agisse de musique (*pop*), de cinéma (« indépendant » contre « commercial ») ou de sport[43]. Nous en sommes donc réduits à reproduire les éternels vieux débats (les temps changent, il est récupéré, etc.) ou à les surmonter pour observer sans a priori les indéniables nouveautés sportives et sociales.

En patin pour le prochain millénaire

« *Innovation par amalgame, combinaisons d'éléments contradictoires, application d'une pensée transversale substituée au modèle hiérarchique vertical, cet esprit signe la démarche d'une population qui mesure l'intérêt d'une action au degré de divergence qu'elle entretient avec les schèmes établis, en même temps qu'elle évalue ses chances de prospérité économique, cela jusque dans les années 80. Ensuite, le mouvement se «sportivise» - donc se normalise -, quand les stars s'orientent vers le modèle de «professionnalisation clean» et acceptent la loi sportive de quête de performances normées. Créateur de désordre, ce mouvement s'est inscrit dans le jeu socio-économique de la*

---

43 Nous avions nous-mêmes pu nous en apercevoir, en étudiant entre 1983 et 1986 les dynamiques de quelques expériences culturelles suisses telles que le Festival de la Bâtie à Genève, le théâtre Die Claque à Baden, etc. (Bassand et al., 1986).

modernité, depuis que l'Occident a parié sur le progrès de l'humanité - et cela dès la Renaissance -, instaurant une dynamique de rupture et d'innovation, de conflits de générations : modernes contre anciens, post-modernes contre modernes... » (Midol, 1992, pp. 57-58). Skaters tribaux contre rollers post-mo ? Va-t-on vers une nouvelle époque sociale du sport, une nouvelle sportivisation de la société, ou rien de tout cela ? Difficile de répondre tant apparaissent entremêlées les actions les plus novatrices et les politiques publiques et commerciales les plus conventionnelles. On ne peut cependant éviter de nous interroger sur l'avenir du mouvement roller, de la glisse urbaine et, en fait, des nouveaux sports en général.

Nous avons essayé d'approcher la problématique par un questionnement en spirale, tournant autour d'elle en essayant de nous en rapprocher et la pensant à partir de quelques postes d'observations qui nous semblaient stratégiques - le rêve d'apesanteur de l'homme, la volonté de certains de vivre hors-piste, la créativité et la spontanéité perdues de l'Art retrouvées dans le Jeu sportif, etc. Cette glisse urbaine et ces hors-la-loi de la pesanteur qui en font une pensée remise à jour quotidiennement, sont des phénomènes encore largement *à venir* : ils ne font qu'apparaître, mais leur apparition a lieu dans un état social en mutation qui ne sera plus sauvé mais profondément modifié. Il sera urbain, vite, agressif et peut-être que les valeurs de demain seront la tolérance, la maîtrise de soi, le respect de la parole donnée et le génie du mouvement dans l'air. À voir. Toujours est-il que les skaters paraissent avoir l'étoffe des mutants. La mutation, nous pouvons la nommer la « sensibilité alternative ». En suivant Antoine Maurice (1987, pp. 57-88), on dira que les nouveaux sports ne sont qu'une des dimensions d'une dynamique sociale d'envergure, au même titre, par exemple, que le mouvement antinucléaire, la défense des droits de l'homme, le gauchisme militant, l'écologie, la techno, la culture des immigrés, le métissage, les squatters, l'égalité de la femme et de l'homme, le temps partagé, les squatters, etc...

Dans ce contexte, certains parient sur la nostalgie. D'autres - et les rollers sont de ceux-là, - font le pari de l'avenir sans amertume. Ils agissent dans le sens de ce qui leur apparaît pouvoir favoriser l'amélioration de leur situation individuelle ou vaguement collective. D'accord, a priori, il n'y a pas là de quoi s'enthousiasmer : de petites soirées entre copains n'ont rien à voir avec le grand soir. Et pourtant, ces socialités amicales, néo-tribales, réticulaires en tout cas, ne sont-elles pas ce que l'on a vu de plus probant en matière de changement depuis un quart de siècle ? Il est un peu tôt pour dire que le patin est l'avenir de l'homme des villes, même en n'abordant la question que du point de vue du transport. Mais peut-être est-il, pour le corps et pour l'esprit, la pratique et « l'attitude » les plus adéquates à adopter en milieu urbain et donc un modèle culturel qu'il faut commencer à envisager autrement que comme le mode de vie de quelques *outsiders*.

Le sport de compétition qui était le modèle de la plupart des sportifs dans les années 30 est aujourd'hui le modèle d'une élite de professionnels pratiquant leur activité au nom des supporters. Inversement, le sport *fun*, activité d'une élite *alternative* dans les années 60 est actuellement le modèle non compétitif adopté par la grande majorité des sportifs. Un changement important a eu lieu et même s'il ne correspond pas forcément à une révolution de la pensée sportive, il n'en est pas moins significatif d'un désir collectif de changement, aussi minime puisse-t-il être considéré par ceux qui sous-estiment encore le sport comme expression sociale. Cela dit, la portée de ce changement ne doit pas non plus être surestimé. Les limites sont clairement annoncées dès lors que l'on analyse le poids des décideurs commerciaux dans les dynamiques du champ sportif contemporain. À partir de là, on se rendra rapidement compte qu'il ne faut pas trop attendre des nouveaux sports et de leurs promoteurs et pratiquants, eussent-ils les meilleures intentions du monde. Il est, par exemple, assez naïf de penser que le sport - boxe, streetball, skateboard - puisse contrer la relégation urbaine des habitants des banlieues (Duret et Augustini, 1993 ; Duret, 1996 ; Augustin, 1996). Le sport « de banlieue » n'est pas d'une autre espèce que le sport d'intégration conventionnel. Il n'est pas un sport d'urgence, non recyclable dans le monde du sport. En cela, il contribue peut-être bien à perpétuer la fiction de l'unité nationale dans le sport, cette idée aussi vieille que le siècle, alors même que la culture du *playground* ne fait que perpétuer la division sociale : les pauvres, les chômeurs, sautez pour attraper le ballon ! C'est donc en sortant des banlieues - ou parce qu'ils n'y ont jamais été - que le roller et le skate sont capables de déranger ce ronron qui inscrit la « naturalité » des inégalités sociales jusque dans les corps en exercice. Il est ainsi - potentiellement - un facteur de radicalisation de ces inégalités et de la séparation - ou guerre - des mondes, ceux de l'intégration besogneuse et ceux qui font irruption dans la ville, le centre-ville, et déferlent, comme la dernière immense vague de la soirée... L'innovation est un scénario plausible : les nouveaux sports de rue et de glisse ne sont pas des sports populaires au sens où ont pu l'être la petite reine des années 30, le football ou le rugby... La classe ouvrière meurt mais ne patine pas ! Les rollers dénoncent la ségrégation en montrant que l'égalité des chances dans le sport est une illusion. La ségrégation est présente partout, dans le sport comme ailleurs. Une fois cette démonstration faite, on peut s'attacher à en démonter les mécanismes...

De la même manière, il est trop tôt pour évaluer clairement ce qu'une propagation de ce mode de déplacement pourrait avoir comme effets au niveau de la culture urbaine et de l'identité collective. Mais on est en droit de se dire qu'une telle extension du mouvement de la motricité glisse dans les villes ne pourrait pas aller sans quelques notables conséquences sur le plan social, attendu que ce mouvement, cette motricité sont autant des manières de bouger son corps que sa tête et qu'elles ne vont pas sans interpeller nombre de lieux communs qui bloquent aujourd'hui toute évolution de la société civile.

Une société hors-piste est envisageable, aux alentours ou contre le système tel qu'il stagne. À Lausanne, un projet collectif de mobilité des individus débouche déjà, pour plusieurs centaines de personnes sur l'esquisse d'une nouvelle manière de penser la ville, non par intérêt personnel, mais parce qu'on est sensible à sa matière « organique », à ses endroits charmants mais aussi – puisqu'ils sont là, prêts à être détournés de leur laideur - des endroits les plus ratés - et ils sont les plus nombreux ! Cette microsociété promeut une sensibilité alternative et un regard novateur sur les espaces urbains, l'économie populaire, la culture et les *culturations* contemporaines. Cette microsociété est difficile à saisir parce qu'elle est volontairement mobile-nomade-incertaine-floue et qu'elle refuse les évidences malheureuses et les solutions toutes faites. Sinon, comment aurait-elle pu, à Lausanne, convaincre de faire en plein été, une « descente de ski » à travers la ville ?!.. Il faut rêver !

Après une telle réussite, et parce que les politiques conventionnelles périssent des mêmes défauts qui ont atteint le sport désenchanté, les espoirs que l'on peut mettre dans la glisse et le hors-piste urbain sont multiples, même au moment où le risque est grand de le voir retourner en zone balisée. La tentation existe, en effet, de réinvestir « au centre » le capital inventif et créatif développé spontanément dans les marges.

Mais, il s'agit presque d'une autre histoire : ce qui a été commencé sera poursuivi par les mêmes, ou d'autres qui prendront leur place en les traitant de vendus. On a vu ça en politique dans les années 70, en musique dans les années 80, il est normal que cela se passe en sport dans les années 90. L'essentiel est que l'esprit - et que la joie - demeure ! Le changement social ne peut être évalué simplement sur la base d'attentes formulées à l'avance. On ne sait pas ce que ces culturations sportives contemporaines vont bouleverser en fin de compte. Ce qu'on peut dire, c'est qu'on voit dans les villes passer des nomades qui ne sont plus des victimes de la crise résignés à leur déportation vers les quartiers déqualifiés. Ces nomades urbains vivent leur errance positivement. Ils se déplacent vite et bien, certains comme Peter Pan, d'accord, mais d'autres comme Alexandre le Grand ! Le pari (Paris ?) situationniste de positiver l'errance des anonymes des cités jusqu'à en faire la dernière vraie poésie de ce siècle est maintenant entre les pieds des skaters : l'Apesanteur contemporaine, sentie et vécue, philosophie de l'Histoire, est leur affaire. Cette sortie au monde empêche qu'ils ne soient fixés par le pouvoir : ils s'envolent. C'est pour la beauté de ce rêve ultime - voler - qu'il faut persévérer. Les *roller contests* internationaux ont beau ressembler de plus en plus à n'importe quel meeting d'athlétisme (un patin à Disneyland ?), on ne peut revenir en arrière sur ce qui a eu lieu. Bien sûr, il serait naïf de ne pas voir ce qui a été perdu de la révolte originelle. De ces héros du roller, devenus sportifs par inadvertance, on valorise, sponsorise aussi, le décalage par rapport à l'image et à la pratique du sportif traditionnel : l'attitude du nouveau sportif doit démentir son appartenance au champ sportif. La glisse d'un skieur ultra conventionnel tel que Pirmin Zurbriggen, mais aussi sa santé, son teint, sa moralité et très certainement (mais on n'en parle pas) sa sexualité - que l'on soupçonne répondant parfaitement aux recommandations des missionnaires - sont aux antipodes de ceux d'un roller tel qu'il personnifie notre époque en la travaillant au corps.

Les baroudeurs du hors-piste sont des carnassiers qui dévorent l'espace, en inventant de nouveaux tropiques, un nouvel équateur séparant le monde des pesants de celui des ailés, le leur. Et si de ce nouveau monde naissent de nouveaux métiers, de nouvelles fabriques donc de nouveaux ouvriers et de nouveaux patrons, ce sera forcément que de nouvelles libertés auront été prises avec les convenances économiques et sociales. Bien sûr, les petits métiers et entreprises de la glisse urbaine ne sont vivables que si la mentalité de leurs « patrons » coïncide avec les exigences du marché. De la même manière, les organisateurs et, plus généralement, l'ensemble des nouveaux opérateurs sportifs sont acceptés au nom de leur efficacité et de leur aptitude à occuper la place qui leur est réservée dans le nouveau panorama social et sportivo-culturel. « *Je n'ai jamais rencontré des organisateurs dotés d'une telle maîtrise, d'un tel souci du détail, tout en gardant un état d'esprit aussi cool et relax* », déclarait en 1995 au magazine suisse l'Hebdo le patron de l'Office du tourisme de Lausanne à propos des organisateurs de l'International Roller Contest. De vrais entrepreneurs nouvelle vague... Mais n'est-ce pas là le plus réussi de la « révolution » ? Car « *la négociation permanente qu'engagent les jeunes skateurs sur leur place dans la ville constitue pour eux autant de formes d'apprentissage de l'altérité urbaine* » (Calogirou et Touché, 1995, p. 47). Il s'agit là d'une victoire de premier plan dont on ne calcule pas encore les probables retombées. Quand on a pu se battre pour la pratique libre de son sport, que n'est-on capable de vaincre ?

Apesanteur et gravité : le retour sur terre ?...

L'âge d'or du hors-piste urbain, celui des skaters sauvages et des dévaleurs de villes est-il terminé ? Leur ré-incorporation dans les structures et équipements sportifs, leur progressive domestication - même s'il ne s'agit non pas de la domestication des anciens rebelles mais de leurs anciennes activités rebelles pratiquées désormais par des couches de la population « domestiquée » - nous oblige à relativiser le caractère novateur de la « culture skate », pour autant que l'on définisse ce caractère par l'aptitude à transformer l'état du social en agissant à partir du champ où l'on est inscrit au début de l'action ou de l'expérience, mais en cherchant à la prolonger à l'extérieur de ce champ, en l'occurrence le champ du sport ou des jeux sportifs. L'innovation sociale du roller est de n'être ni tout à fait un sport, ni tout à fait une culture, ni – peut-être – une « nouveauté »...

Alors, bon, la révolution espérée n'a pas eu lieu et, de plus, elle n'a même pas eu lieu dans les limites de son domaine : il n'y a pas eu de véritable révolution sportive et les associations et fédérations qui nous avaient semblé bien ébranlées par la déferlante idéologico-sportive du surf au début des années 70 - surf de mer, de terre et de neige - s'en sortent finalement sinon renforcées du moins confirmées dans leur rôle de prédilection : la socialisation des jeunes adultes mâles. Et alors ? Cette révolution avait-elle été agendée ? Avait-elle même été envisagée par ses protagonistes potentiels, les « nouveaux sportifs » ? Non. En tout cas, pas si nettement. Il flottait plutôt dans l'air une vague idée insurrectionnelle, en ce sens qu'il fallait, avait-on dit, insécuriser le sport et les fédérations, prendre plus de risque peut-être, mais aussi rendre ces associations moins sûres d'elles-mêmes, moins arrogantes. Cela dit, nul n'avait parlé de révolution - sauf quelques sociologues habitués à pousser le bouchon un peu trop loin - et personne donc ne sera déçu. Bien sûr, secrètement, en agissant en dehors des règles convenues des sports traditionnels, les pratiquants de ces exercices corporels appareillés comme la planche à voile ou le skysurfing avaient peut-être pensé à une mise à mort des solennités sportives. Mais est-ce bien sûr ? À voir avec quelle rapidité - deux ou trois ans - les patineurs les moins soumis aux rituels sportifs ont regagné le giron des fédérations avec compétitions, dossards, chronométrages, entraîneurs et classements, avec aussi la perspective d'être pardonnés et accueillis comme l'enfant prodigue par le vieux père Samaranch dans la grande maison olympique, il y a matière à douter de la sincérité d'une bonne partie des refuzniks du sport. Est-ce parce que, comme le disait le président Clemenceau au début du siècle, celui qui n'est pas un anarchiste à quinze ans est un imbécile mais que celui qui l'est encore après 30 ans est un imbécile plus encore ?... Ou alors, c'est peut-être que la révolution a bien eu lieu, pas là où on l'attendait, mais *à côté*, ou *en dessous* du sport. Dès lors, comment comprendre le succès des nouveaux sports et leur portée sociale véritable et globale sans procéder à un regard oblique, moins direct ? Car l'organisation de ces nouveaux sports, notamment des sports de glisse urbaine auxquels nous avons choisi de nous intéresser en priorité, pose problème, pour autant que nous persistions à défendre une approche du phénomène du patinage en ville en termes poétiques qui seuls, selon nous, permettent une compréhension neuve d'un fait social inédit.

Comment utiliser l'organisation pour « s'envoler » et ne pas permettre qu'elle ne devienne une chaîne de bagnard ? En voilà une question ! Il suffit de désorganiser les organisations (ou associations) existantes et d'organiser (ou d'associer) les désorganisés, en dosant savamment le formel (statuts) et l'informel (contresens et improvisation). De fait, le mode d'organisation des rollers est à deux niveaux. Celui de la bande et celui de l'association (ne se voulant pas telle). Le syndrome de l'albatros est très présent dans le monde du hors-piste urbain : les patineurs sont malheureux une fois revenus sur terre : leurs ailes de géant les empêchent souvent de marcher.

Mais est-on sûr qu'ils aient su marcher un jour ? La nostalgie d'un âge d'or, plus libre, moins compromis, du sport hante toutes les époques. En 1978 déjà, Jacques Caroux se préoccupait de la récupération progressive du skate « sauvage » : « *Le développement actuel du skate en tant que sport met un peu au placard,* observait-il, *le skate comme phénomène social, comme divertissement, défoulement et communication libres dans la ville. L'initiation, l'apprentissage au lieu d'être directs, spontanés, tendent à se faire de plus en plus à partir d'intermédiaires. Cette normalisation, cette codification du skate s'accompagnent d'un certain nombre de règlements, d'interdits mais aussi d'équipement, de pistes, de stadiums et de clubs réclamés par les jeunes skatistes pour pouvoir s'adonner dans de bonnes conditions à leur sport. Cette nouvelle phase marque un tournant par rapport à l'âge héroïque mais bref du skate sauvage* » (p. 35). Il s'agissait du seul sport vernaculaire urbain. Sa pratique était indissociable d'une sorte d'amour pour le terroir de bitume.

Et aujourd'hui ? Que reste-t-il de cet amour, pour la ville, pour la vitesse, le glissement, les vibrations transmises des aspérités du sol jusqu'à la plante des pieds ?... Les skaters, aux roues alignées ou juchés sur leurs planches, mais aussi, sur les supports matériels qui sont les leurs, les snowboarders, les skieurs du kilomètres lancé, les véliplanchistes, les surfers, les skysurfers, les sauteurs à l'élastique... ont tous tenté, chacun selon une technique personnelle et intransmissible, à - musculairement - prendre de vitesse la vitesse de cette fin de siècle, détenue jusqu'alors par les moteurs et les machines. Théoriquement, ce sont encore ces derniers qui sont les plus rapides. Mais dans la pratique, c'est-à-dire l'expérience vécue (telle qu'elle est *ressentie* par celui qui la vit), la vitesse d'un long courrier ou d'un TGV, « vécue » par le voyageur, en position assise et en sirotant un whisky, est quasi nulle. D'ailleurs on le dit : on ne sent rien. Pas d'accélération, pas de mouvement, plus un geste... Dès lors, pour vivre consciemment la grande vitesse de cette époque qui cherche à accélérer encore les transports, les échanges boursiers, les transferts de capitaux, la diffusion des nouvelles, des savoirs, des messages publicitaires, il ne nous reste plus qu'à chausser les patins : produire notre propre vitesse, parcourir à notre rythme et retrouver, en suivant notre propre itinéraire, les territoires effacés de nos villes.

Le roller ou les temps retrouvés : mieux vaut être le premier en vitesse chez les corps humains que le deuxième chez les machines, là où ce sont les machines qui sont au pouvoir. Car « *si nous ne renversons pas la perspective, c'est la perspective du pouvoir qui achèvera de nous tourner définitivement contre nous-mêmes. (...) Dans chaque renoncement quotidien, la réaction ne prépare rien d'autre que notre mort totale* » (Vaneigem, 1967, p. 195).

Trahissant tous les pouvoirs, un vrai skater ne renonce jamais !...

Conclusion

LA FIN DU HORS-PISTE ?

Le coût de la liberté augmente en corrélation exacte avec celui du matériel permettant l'évasion et le plaisir décuplé. Pourtant, un « produit » échappe peut-être encore à la logique de marché : la poétique du geste vécu. Le sponsor ne pourra jamais acheter que l'image de ce geste et non le vécu poétique lui-même. Voilà notre espoir : « *Il est manifeste que les pauvres en ont davantage que les riches. Les gens en gaspillent la bonne part et n'en retiennent que la mauvaise part. Elle est visible et invisible, et les enfants jouent avec elle dans la rue. Mais les ignorants la foulent aux pieds quotidiennement* » (Paracelse, parlant de la *materia prima*[44]). Quelle est cette matière, véritablement *première* ? L'ivresse du mouvement. Pour rencontrer puis préserver cette liberté poétique de la glisse et la sensation, unique dans une vie, de patiner au cœur d'entrepôts inoccupés la nuit, il faut se retourner et laisser nos idées marcher sur la tête. Conclusion : il faut *se* renverser, tout renverser. Les rollers, les skaters mais aussi d'autres qu'eux en dehors du champ des jeux sportifs comme les b-boys du milieu hip hop, les chômeurs longue durée, les squatters ou les immigrés clandestins, ne préparent peut-être pas la Révolution, mais ils élaborent, avec toujours moins de timidité, une société sacrément hors-piste !

Hermès, le dieu messager aux talons ailés, est décrit par le dictionnaire des mythologies (Bonnefoy, dir., 1981, p. 500) comme « *celui qui sillonne les chemins, (...) celui qui le premier ouvrit les chemins et les ayant ainsi tracés, les*

---

44 Cité par Vanegeim, 1967, p. 205. Pour lui, la materia prima est « le qualitatif ».

marqua de cairns qui les signalaient. Aventurier donc dans ces contrées mal connues, il en est l'explorateur solitaire et le héros civilisateur (...) à l'écart des chemins habituels. Seul, il ouvre sa route ». Hermès est le dieu du hors-piste ; le glisseur est Hermès : explorateur solitaire de ses propres rêves, il parvient quand même à engendrer du social, à civiliser les espaces où il chemine. Il fonde une société mobile, nomade, qui n'est pas sans rappeler ces tribus guerrières parcourant le monde, de prairie herbeuse en rivière poissonneuse, d'un *spot* à l'autre, ainsi que s'est toujours faite l'histoire des hommes, magiquement dans les temps anciens, technologiquement aujourd'hui.

Est-ce à dire que le hors-piste urbain n'est que la dernière forme prise par l'éternelle errance des hommes ? L'étude socio-anthropologique de nos motricités urbaines nous le fait penser : « *À travers les phénomènes de clan ou d'équipe et l'enjeu de la territorialisation, ne retrouvons-nous pas les composantes primitives et fusionnelles qui fondent la puissance des rituels primitifs ? (...) Pourquoi penser que la quête de performance extrême (...) répondrait à une autre fonction ? Comment une culture, qui fonde son sens sur la quête scientifique du monde par le savant, rencontre-t-elle dans sa quête vers la performance des résurgences de transcendance et de pensée magique qu'elle n'avait cessé de discréditer ?* » (Midol, 1992, p. 62). Cette pensée magique, pensée sauvage du corps, est encore une pensée *dominée* dans le champ sportif car elle s'oppose aux modèles éducatifs dominants. L'enjeu ne se situe donc pas seulement au niveau des conflits entre usages et pratiques du corps *senti* de l'individu et du corps social construit. Il est aussi politique : quel mode d'organisation sociale est-il proposé par ceux qui agissent selon une telle pensée magique ? Le fait que cette pensée soit aussi paradoxale et puisse comprendre la « raison technologique » ne veut pas dire que les groupes culturels alternatifs s'exprimant dans le sport acceptent de se soumettre au modèle social technologique. Que, par la suite, les *riders* pensent pouvoir améliorer leurs performances grâce à l'amélioration des machines ne signifie pas qu'ils sont les nouveaux supporters du mythe du progrès !... Au contraire, cette soumission des machines à la passion sensuelle des glisseurs est chose très nouvelle. Il s'agit bien d'une pensée radicalement différente, englobant les détails infimes comme les ensembles les plus totaux.

Cependant, cette pensée radicale peut amener le skater à forcer la dose et à se séparer de son groupe affinitaire. Les jusqu'au-boutistes du skateboard, ceux qui sont du genre à habiter dans un bus VW, sans épouse, sans maison, sans travail, tout à leur quête du *spot* absolu, finissent parfois par se marginaliser socialement, même s'ils s'en sortent le plus souvent en revendiquant - donc en relativisant - cette marginalité, l'assumant comme un (free)style de vie voulu. D'ailleurs, leur errance « mystique » n'annonce-t-elle pas le principe fondamental du XXIème siècle : le nomadisme urbain et la précarité économique au nom d'une cause personnelle proche du songe ? L'exposition de ce principe - glisser, rouler, s'échapper... - les façons de "*se déplacer d'un mouvement continu, volontaire ou non, sur une surface lisse ou le long d'un autre corps, par une impulsion donnée*" (Petit Robert), par l'application têtue d'une passion est l'histoire sans fin d'une sensation magique inscrite dans un espace « réaliste », la ville, et qui cherche comment errer tout de même, *perchance, to dream...*

Cette obstination fait que, provisoirement, les nouveaux sports, les performances des rollers et des skaters, ont amené une révolution essentielle, malgré la récupération commerciale à laquelle ils n'ont échappé ni plus ni moins que les autres. Peut-être bien que « *l'ordre essentiel du monde occidental a été touché au travers d'une redéfinition des notions d'espace-temps (...). Il faut donc comprendre l'accès à ces performances comme l'expérience d'un renouvellement de la mesure du temps, ce qui pour J. Attali annonce « un changement social et de pouvoir*[45] *». Quand une population sociologiquement repérable n'a d'autre objectif que de vivre dans l'univers de la vague ou de la neige, quand une vie entière est vouée à un instant d'extase, on doit réfléchir aux manières les plus intimes par lesquelles l'être humain construit ses repères culturels et leur donne sens* » (Midol, 1992, pp. 59-60). Cette construction peut se faire sous la dictée des modes - c'est le cas le plus fréquent aujourd'hui, dans les nouveaux sports également - ou en un acte de liberté sciemment recherché, comme dans le cas du hors-piste urbain, quand la motivation profonde est une transformation radicale des sensations telles que les perçoit le corps - la chair, les muscles, les nerfs optiques, les vaisseaux sanguins - et donc l'esprit du glisseur. Voilà pourquoi il y a un « message » de la glisse et pourquoi il est important. Il dit quelque chose comme : « Pensez par vous-même et ayez une pensée active ; si ce que vous comptez faire pour vous éclater n'est pas réalisable dans l'état, changez la réalité pour que ça soit possible »...

L'époque, on le sait, est à la roublardise, dans le sport comme dans la vie, une roublardise que l'on pourrait définir comme une manière particulièrement futée de ruser avec les obstacles. Ainsi, "*s'il y a une idéologie des nouveaux sports, elle est donc du côté de l'illusion, du faire semblant, de l'esquive. Le jeu déplace les limites sans les combattre, il surmonte sans abattre, il conquiert sans faire violence, il déjoue sans rabaisser. Il s'agit d'une idéologie douce comme*

45 J. Attali, *Histoires du temps, essais*, Paris, Fayard, 1982 (cité par l'auteur).

l'écologie (...). Cette douceur ramène le nouveau sportif à l'état de nature, un peu à la façon dont les Stadt Indianer jouent au bon sauvage. Elle sert de ressort au ressourcement du sportif, à sa capacité de s'arracher au sol et de s'élever vers les cimes" (Maurice, 1987, p. 86). Nous voilà au cœur du problème : le caractère *soft* des valeurs des néo-sportifs fait qu'ils ne sont pas autant préoccupés que d'autres groupes issus de la mouvance alternative des années 70 par ce qui devrait les horrifier : la récupération de leur mouvement. Mais comment pourrait-il en être autrement quand on sait que cette récupération des nouveaux sports est inscrite - via la technologie - dans leur idiosyncrasie, du fait de « *l'ambivalence psychologique de ceux qui les pratiquent* » (Maurice, 1987, p. 86). Leur exhibitionnisme et leur frime ont besoin d'une certaine récupération par le monde du spectacle sportif pour s'exprimer totalement. Le skater est le néo-sportif qui échappe le moins à cette logique ambiguë : son *spot* est généralement un espace public urbain qu'il va détourner à son profit et dont les usagers vont être réquisitionnés pour faire le public. « *Le patineur se rend donc sur le bitume avec en tête le besoin d'évasion par le geste. Solitaire parmi la foule, il enchaînera courbes et arabesques au rythme d'un Walkman qui l'isole encore plus des autres. Tandis qu'il glisse surélevé, indifférent, souverain parmi la foule piétonnante, rien ne semble atteindre ce regard porté au loin, cette conscience comblée par elle-même. Et pourtant à d'imperceptibles surenchères dans les gestes, on sent l'acteur qui cabotine et cette âme remplie de son propre spectacle se laisser doucement gagner par l'irrésistible envie de frimer* » (Maurice, 1987, p. 86). Là-dessus, vient à passer un sponsor, car la théâtralisation de ses propres attitudes annonce la spectacularisation prochaine de son talent et la possibilité enfin offerte d'essayer les nouveaux objets du culte. « *Ainsi, se réintroduit au cœur de la sensibilité alternative et sous des objets qui devraient l'en éloigner, l'avidité de la consommation*" (Maurice, 1987, p. 86), mais aussi le désir d'être « consommé » par l'objet... Et s'il faut se battre pour conserver les nouveaux privilèges de sponsorisés, on se battra. Ainsi se fait le retour de la compétition dans le champ *cool* de la glisse internationale, la hiérarchie, les classements, les prize money, l'élimination des moins bons et des non sponsorisés, la sélection et l'élévation des meilleurs et des bien sponsorisés au statut de héros, l'imitation par l'achat de leurs fringues et bien d'autres pratiques, ni nobles ni ignobles, simplement dans l'air du temps.

Et pourtant... Critiquer ce glissement vers le passé du sport - compétitions et argent - n'est-ce pas le meilleur moyen de ne pas être néo-sportif ? En effet, la tolérance est une valeur centrale de la société néo-sportive et c'est en son nom qu'aujourd'hui certains essaient de défendre les tenants du professionalisme et du *retour au sport*. Dans son éditorial d'octobre 1996 précisément intitulé « Tolérance », le rédacteur en chef du magazine Roller Mag prend la défense de Taïg, génie français de la rampe, accusé par ses collègues *riders*, de prendre son activité au sérieux « *tout simplement parce qu'il aborde sa discipline avec un esprit différent. En effet, à sa manière, Taïg est un pionnier, il se comporte comme un athlète de haut niveau avec ce que cela implique de sérieux à l'entraînement, d'hygiène de vie quotidienne et de volonté en compétition. (...) Certes, aujourd'hui il n'y a pas de championnat officiel de stunt et tous les classements subjectifs sont possibles mais l'importance du stunt est telle que cette discipline va être intégrée dans les commissions fédérales de roller acrobatique et probablement déboucher sur de vrais championnats. Les riders de talent comme Taïg auront enfin une légitimité officielle et c'est tant mieux* ». On est, en effet, bien loin de la joyeuse anarchie des *trashers* !..

Cette fracture en retour est bien ce qui tracasse

aujourd'hui la plupart des opérateurs du sport alternatif - comme ce fut le cas dans les années 80 pour ceux de la musique - obligés de se déterminer entre la poursuite du banquet ou la reprise de l'entraînement. Entre règlements devenus indispensables (?) et défonce à tous les étages, difficiles de choisir car les choses n'en restent pas là et les enjeux sociaux, économiques, culturels, spatiaux... deviennent gigantesques : « *Les nouveaux sports, qui s'implantent essentiellement au sein de la classe moyenne, sont vécus comme une aventure individuelle, mais ils composent un modèle de socialisation à l'usage de la jeunesse* » et ont pour effet « *de détourner une fragile volonté de rupture, pour la réintroduire dans les circuits de la société marchande et de la compétition des individus* » (Maurice, 1987, p. 87). La popularité même des modèles alternatifs les a ramenés dans le champ du conformisme social. De plus, l'image de force et de maîtrise des rollers séduit les adeptes de la libre entreprise qui en font un symbole de communication moderne. Encore faut-il que cette force soit véritablement maîtrisée, notamment en compétition, sous peine d'empêcher la bonne médiatisation – donc sponsorisation – de celle-ci. L'actuel enjeu autour de l'élaboration de règlements des épreuves de stunt et de descente n'en est qu'une des conséquences logiques.

Rien n'a changé alors ? Que le meilleur gagne selon les règles et empoche la prime ?... Le sport, un instant menacé par la déferlante rebelle, se rassure : une élite s'est recomposée, elle veut se professionaliser, gagner des sous. Les télévisions sont tranquilles : voilà de bonnes images à diffuser. Les sponsors sont contents, on pourra continuer à acheter l'effort des sportifs, payer pour le gonflement artificiel de leurs muscles. Qui ne nous dit pas que l'on pourra, dans un futur proche, payer les arbitres et truquer, comme partout, les compétitions ? Voilà une affaire qui roule. Et sur l'autre versant, celui des amateurs, pas de risque de révolution non plus : ce qu'ils veulent, c'est s'amuser le dimanche, pas se prendre la tête. En 1988 déjà, Pierre Sansot voyait le nouveau monde des sports comme « *une sorte de fastfood des pratiques corporelles* », où les activités étaient à la carte et commandées sur le seul appétit et l'envie du moment : le temps est venteux, plutôt planche à voile, le vent s'arrête, beach volley, il fait trop chaud, l'alpage et le VTT... Les nouveaux pratiquants ne se vouent plus à un seul sport totemisé mais jouent, en fonction de l'offre changeante, à passer d'un sport à l'autre. La mode influence évidemment ces options et les choix des sportifs qui ne veulent plus de paternalisme et répondent en adultes, consommateurs mais responsables, aux sollicitations. On est acteur du spectacle sportif mais on n'est pas dupe du marché.

Alors ? La glisse, récupérée ? Pas tout à fait : les nouveaux sports ont contribué à défaire nombre de préjugés concernant l'usage social du corps et, au moins en ce qui concerne les rollers, à imposer de nouvelles sensations urbaines et de nouvelles perceptions de l'espace construit. Grâce aux glisseurs de tous bords, « *des hommes d'une nouvelle race ont confondu la liberté et l'espace, les immensités, une étendue qui n'avait pas de limites. Ils pratiquaient l'azur, le vent, les océans, les montagnes. Ils s'étonnaient que d'autres hommes, leurs semblables, aient pu prendre plaisir à demeurer à l'intérieur d'un terrain qui ne mesurait même pas un hectare, qu'ils aient entrepris une véritable guerre de tranchées pour gagner quelques centimètres sur un prétendu adversaire* » (Sansot, 1988, p. 24). Ce sont là de vrais « acquis sociaux » et le fait qu'à la suite des pionniers, des millions d'imitateurs sans grande imagination aient également voulu agrandir leur territoire sportif en prenant plaisir à faire jouer leurs muscles n'en réduit pas la portée. Ainsi en va-t-il des liens sociaux sportifs un peu trop vite considérés comme superficiels. En fait, ces liens sont souvent profonds et correspondent à un nouvel état de la relation sociale en Occident. Les réseaux qu'ils fondent sont prémonitoires des socialités du prochain siècle : « *ni la fracture des individualités, ni la globalité des masses unanimes ; plutôt l'amitié de quelques-uns* » (Sansot, 1988, p. 25), des socialités urbaines pour la plupart quel que soit le lieu d'exercice et qui, certainement, colorent l'époque actuelle. Là encore, on est proche de la sensibilité hip hop, monde où est placé plus haut que tout le lien avec « la famille » (*mifa, posse...*), pas seulement la famille où l'on est né mais surtout celle que l'on s'est inventée avec les potes.

La société civile n'est pas imperméable aux sports de même que les sports ne sont aucunement séparés du social. C'est bien ce postulat qui permet aux sociologues du sport de travailler. Nous nous étions proposés, en reprenant le projet de Roger Caillois (1967), de faire de la sociologie « à partir des jeux sportifs ». Ce faisant, nous postulions un lien fort et nécessaire entre de tels jeux - les sports en général et les *nouveaux* sports en particulier - et les structures sociales telles qu'elles paraissent établies à un moment donné de l'histoire d'une société, puisque « *jeu et vie courante sont constamment et partout domaines antagonistes et simultanés* » (p. 135), c'est-à-dire liés. « *Le jeu est consubstantiel de la culture, dont les manifestations les plus remarquables et les plus complexes apparaissent étroitement associées à des structures de jeux prises au sérieux érigées en institutions, en législations, devenues structures impérieuses, contraignantes, irremplaçables, promues, en un mot, règles du jeu social, normes d'un jeu qui est plus qu'un jeu* ». Et « *à la fin, la question de savoir qui a précédé l'autre, le jeu ou la structure sérieuse se présente comme assez vaine* » car « *ce qui s'exprime dans les jeux n'est pas différent de ce qu'exprime une culture* » (p. 136). D'ailleurs, la vraie question n'est pas celle de l'œuf et de la poule mais de savoir si ce qui importe le plus est l'œuf - l'enveloppe de cartilage blanc et fragile - ou le poussin qui est dedans et qui va grandir. Ainsi, il est important de savoir jusqu'à quel point on peut comprendre l'état des transformations sociales actuelles sans comprendre aussi, ou même d'abord, l'état des jeux sportifs dans lesquels notre société future est contenue « dans l'œuf »... Il faut réfléchir notamment au fait que les skateparks se définissent désormais autant comme « salle de sport » que comme lieu de culture contemporaine (hip hop, notamment, avec « expositions » permanentes de tags et de graffs, « concerts » et bandes-son indissociables désormais du mouvement des patineurs, et – avec, par exemple à Lausanne, l'organisation de l'International Roller Contest - la volonté affichée de participer à la vie de la cité, à la politique locale. Ces lieux dits encore *underground* par les acteurs eux-mêmes ont certainement un rôle essentiel à jouer dans la restructuration institutionnelle amorcée par nos sociétés en crise organisationnelle. En effet, alors que d'autres paniquent face à la précarité, l'incertitude, la création obligée et l'urgence, les nouveaux opérateurs du champ sportif et culturel, chacun pour soi ou tous ensemble, agissent dans la ville comme des poissons dans l'eau, proposant aux problèmes « insurmontables » des solutions novatrices et tenables. C'est beaucoup, pour des groupes hâtivement classés comme marginaux. Cette « *ardente obligation d'innover* » qui est, selon Alain Loret (dir., 1995), celle du sport et de son management, a toujours été un principe ancré dans la sensibilité néo-sportive et si, maintenant, il semble que l'ensemble de la société doive s'y vouer, ce n'est qu'une preuve de plus de la pertinence de ce laboratoire sociologique qu'est la glisse contemporaine.

Ainsi, malgré les distorsions apparues au cours de l'histoire, « *le seul fait qu'on puisse reconnaître dans un jeu un ancien élément important du mécanisme social, révèle une extraordinaire connivence et de surprenantes possibilités d'échange entre les deux domaines* » (Caillois, 1967, p. 137). Plus intéressant encore : quand on peut reconnaître dans un jeu un élément *futur* du mécanisme social !... Ainsi, les éléments identifiés par Roger Caillois dès les années 30 comme étant communs aux champs social et ludico-sportif parlent aussi des nouveaux sports de glisse et de notre nouvelle société hors-piste. Pour n'en citer que quelques-uns : « *Le besoin de s'affirmer, l'ambition de se montrer le meilleur ; le goût du défi, du record, ou simplement de la difficulté vaincue ; l'attente, la poursuite de la faveur du destin ; le plaisir du secret, de la feinte, du déguisement ; celui d'avoir peur ou de faire peur ; la recherche de la répétition, de la symétrie ou au contraire la joie d'improviser, d'inventer, de varier à l'infini les solutions ; celle d'élucider un mystère, une énigme ; les satisfactions procurées par tout art combinatoire ; l'envie de se mesurer dans une épreuve de force, d'adresse, de rapidité, d'endurance, d'équilibre, d'ingéniosité ; la mise au point de règles et de jurisprudences, le devoir de les respecter, la tentation de les tourner ; enfin, la griserie et l'ivresse, la nostalgie de l'extase, le désir d'une panique voluptueuse* » (Caillois, 1967, pp. 138-139).

On ne saurait bien sûr interpréter une société à partir de l'étude sociologique de ses seuls jeux et sports. Mais rien ne paraît aujourd'hui plus fructueux que de partir, précisément, de là pour aller vers l'économie, le droit, la justice, la politique, la culture... De plus, même s'il n'y a pas de relations directes entre sport et société mais un jeu de miroirs parfois déformants, le champ ludico-sportif ne nous informe pas moins sur l'idéal d'une société, son projet collectif magique. Et que ce soit aujourd'hui ce même sport qui, entre dopages et corruptions, anéantisse cet idéal n'empêche rien à l'affaire : de nouveaux innocents rêvent de nouveaux idéaux sportifs. La glisse, *fun* ou *agressive*, est un idéal contemporain qu'il ne faut pas prendre à la légère parce qu'il agit au plus profond de la conscience politique. La microsociété skater permet de visualiser l'un des scénarios possibles pour la société urbaine du XXIème siècle : en plus d'offrir une solution simple et bon marché aux problèmes de transport dans les grandes villes, les structures organisatrices du milieu néo-sportif urbain et les valeurs anti-institutionnelles et communautaires (mais réalistes, c'est-à-dire capables de faire valoir les droits de citoyens des groupes « alternatifs ») ouvrent des perspectives novatrices aux responsables de la gouvernance urbaine.

Ainsi, contre l'embrigadement politique, culturel, ethnique, sportif, ou le conformisme qui est le signe de notre époque : roulez, jeunesse, dans les rues de vos villes, avec ou sans flambeau, avec ou sans talent, seul ou en famille, là où c'est prévu et là où c'est imprévu !... Pas besoin d'être un héros de l'extrême pour cela, car ce qui est intéressant est ce qui pousse à l'ombre des étoiles. Comme les poètes pour Ezra Pound, les bandits sociaux de l'apesanteur sont les « antennes » de l'espèce : ils ont senti le vent qui bientôt sera tempête sur nos villes et se sont dit que « *quand le vent vous balaie, il faut apprendre à aimer le vent* » (Reid, 1993, p. 131). Ils ont appris à aimer la cité comme elle est en train de se faire, dans le désordre, la précipitation, avec la participation de nouveaux acteurs et des mêmes vieilles barbes de toujours. Certains se fatigueront, d'autres persisteront, ici ou ailleurs, à rêver d'un décollage réussi, d'un vol au-dessus des lumières de la ville…

Allez donc, glissant, changer le monde tel qu'il est. Car « *on peut tout pardonner à [un être humain], sauf le fait qu'il ne sache pas voler* » (dit le poète) !...

Bibliographie

A

E. Adamkiewicz (1998a), *Les performances sportives de rue : pratiques sportives autonomes spectacularisables à Lyon*, in : Les Annales de la recherche Urbaine n° 79, « Sports en ville », Paris, METL, juin.

E. Adamkiewicz (1998b), *Nouvelles pratiques et sports autonomes dans la ville. Création de nouveaux types de relations à l'urbain. L'exemple lyonnais*, in : Ch. Vivier et J.-F. Loudcher, dirs., Le sport dans la ville, Paris, L'Harmattan, coll. « Espaces et temps du sport ».

P. Amphoux (1987), Le sens de la pente, in : Cahiers de l'Alliance Culturelle Romande n° 34, Lausanne, octobre.

Ph. Ariès (1993), *L'enfant et la rue, de la ville à l'antiville*, in : Essais de mémoire, 1943-1983, Paris, Seuil, pp. 257-270.

M. Augé (1997), *L'impossible voyage : le tourisme et ses images*, Paris, Editions Payot & Rivages.

M. Augé (1992), *Non-lieux : introduction à une anthropologie de la surmodernité*, Paris, Seuil.

J.-P. Augustin (1996), *Relégation urbaine et pratiques sportives*, in : Spirales n° 10 « Sport et banlieue : pratiques sportives juvéniles et insertion », Lyon, pp. 65-69.

J.-P. Augustin et Ch. Malaurie (1997), *Le Territoire-monde du surf (diffusion, médias et énonciation)*, in : Géographie et Culture n° 21, pp. 119-130.

B

R. Barthes (1978), *Leçon : leçon inaugurale de la chaire de sémiologie littéraire du Collège de France prononcée le 7 janvier 1977*, Paris, Seuil.

M. Bassand, F. Hainard, Y. Pedrazzini et R. Perrinjaquet (1986), *Innovation et changement social*, Lausanne, Presses Polytechniques Romandes.

J.-Ch. Basson (1996), *Gouvernance urbaine et population insaisissable : les politiques sportives territoriales et les jeunes des quartiers de l'agglomération grenobloise*, 1ère Université d'Été transfrontalière « Réseaux d'action publique, gouvernance et territoires », IREC-DA/EPFL et CERAT, Uriage, 3-6 septembre .

Ch. Baudelaire (1966), *Enivrez-vous !*, in : Les paradis artificiels, Paris, Gallimard, p. 188 (éd. originale : 1860).

B. Beal (1995), *Disqualifying the Official : An Exploration of Social Resistance Through the Subculture of Skateboarding*, in : Sociology of Sport Journal, Vol. 12, Number 3, Champaign, Human Kinetics Publishers.

J. Beaujeu-Garnier (1980), *Géographie urbaine*, Paris, Armand Colin.

H. S. Becker (1985), *Outsiders : études de sociologie de la déviance - fumeurs de marijuana, musiciens de jazz, entrepreneurs de morale, policiers et délinquants*, Paris, A. M. Métailé.

D. Bell (1992), *Le second âge axial*, in : Leonardo, Paris, Le Monde.

W. Benjamin (1971), *Sur quelques thèmes baudelairiens*, in : Poésie et Révolution, Paris, Denoël, pp. 225-275.

B. Benderson (1998), *Pour un nouvel art dégénéré*, Paris, Rivages poche / Petite Bibliothèque.

Y. Bessas (1982), *La glisse*, Paris, Fayard.

E. Bigot (1997), *La «génération-glisse» a investi la rue : un défi pour les villes*, in : Repères n° 18, Lausanne, décembre.

Y. Bonnefoy, dir. (1981), *Dictionnaire des mythologies*, Paris, Flammarion.

J.-M. Brohm (1996), *Pernicieuse idéologie*, in : Le Monde Diplomatique : « Le sport, c'est la guerre », Coll. Manière de voir n° 30, Paris, mai, pp. 75-78.

Ch. Bromberger (1995), *Le match de football : Ethnologie d'une passion partisane à Marseille, Naples et Turin*, Paris, Éditions de la Maison des Sciences de l'Homme.

P. Bruckner et A. Finkielkraut (1979), *Au coin de la rue, l'aventure*, Paris, Seuil.

M. Bouet (1994), *Sur deux ailes de bois*, in : Autrement n° 15 « Résister », Paris, mars, pp. 56-62.

M. Bouet (1968), *Signification du sport*, Paris, Editions Delarge (rééd. L'Harmattan, Paris, 1997).

C

J.-P. Callède (1985), *La sociabilité sportive : intégration sociale et expression identitaire*, in : Ethnologie française n° 4, octobre-décembre, pp. 327-342.

J.-P. Callède (1987), *L'esprit sportif : essai sur le développement associatif de la culture sportive*, Bordeaux, Maison des Sciences de l'Homme d'Aquitaine, Presses Universitaires de Bordeaux.

C. Calogirou (1996), *Le Florida, lieu musical entre banlieue et centre-ville*, in : Les Annales de la Recherche urbaine n° 70, Paris, Plan Urbain, pp. 49-57.

C. Calogirou et M. Touché (1995), *Sport-passion dans la ville : le skateboard*, in : Terrain n° 25, Paris, septembre, pp. 37-48.

R. Caillois (1967), *Les jeux et les hommes : le masque et le vertige*, Paris, Gallimard.

J. Carroll (1995), *Basketball Diaries*, Paris, UGE, coll. 10/18.

J. Caroux (1978), *Figures urbaines du quotidien : le skate sauvage*, in : Esprit n° 10, Paris, octobre.

O. Cathus (1994), *L'âme-sueur (Funk et effervescence)*, in : Sociétés n° 46, Paris, Dunod.

P. Clastres (1977), *Archéologie de la violence*, in : Libre 77-1, Paris, Payot.

J. Corneloup (1993), *Les nouvelles formes de sociabilités en escalade*, in : « Sport, relations sociales et action collective », Actes du colloque, 14-15 octobre 1993, Bordeaux, Maison des Sciences de l'Homme d'Aquitaine, pp. 199-207.

J. Corneloup (1997), *Risques, opinion publique et pratiques d'escalade*, in : Sociétés n° 55 « Sociologie du sport », Paris, De Boeck-Université.

D

G. Debord (1955), *Introduction à une critique de la géographie urbaine*, in : Les Lèvres nues n° 6, Bruxelles, septembre, pp. 11-15.

G. Debord (1956), *Théorie de la dérive*, in : Les Lèvres nues n° 9, Bruxelles, novembre, pp. 6-13.

D. Del Giudice (1996), *Quand l'ombre se détache du sol*, Paris,
Seuil.

F. Dubet (1987), *La galère : jeunes en survie*, Paris, Fayard.

Ch. Dubois et M.-H. Guex (1997), *Le mouvement des « rollers » et la Commune de Lausanne*, Lausanne, SSP, Université de Lausanne - Séminaire de politiques publiques, dir. Y . Papadopoulos.

P. Duret (1996), *Anthropologie de la fraternité dans les cités*, Paris, PUF

P. Duret et M. Augustini (1993), *Sports de rue et insertion sociale*, Paris, INSEP-Publications.

J. Duvignaud (1978), *Dans la ruine des villes, les enfants jouent*, in : Catalogue de l'exposition « La ville et l'enfant », Centre Georges Pompidou, Paris.

J. Duvignaud (1973), *L'anomie : hérésie et subversion*, Paris, Anthropos.

E

N. Elias et E. Dunning (1986), *Sport et civilisation : la violence maîtrisée*, Paris, Fayard.

Esprit (1978), *Figures urbaines du quotidien : le skate sauvage*, in : Esprit n° 10, Paris, octobre.

F

E. Faure (1921), *Histoire de l'Art : l'Art moderne I*, Paris, Gallimard.

M. Fize (1993a), *Les bandes : « l'entre-soi » adolescent*, Paris, Declée de Brouwer, coll. Habiter.

M. Fize (1993b), *Le skateboard : une nouvelle forme de sociabilité sportive d'adolescents en milieu urbain*, in : « Sport, relations sociales et action collective », Bordeaux, Maison des

Sciences de l'Homme d'Aquitaine, pp. 167-171.

M. Fize et M. Touché (1992), *Le skate, la fureur de faire*, Caen, Arcane-Beaunieux.

G

P. Gaugin (1974), *Oviri : écrits d'un sauvage*, Paris, Gallimard, coll. Folio/Essais.

J

Ch. Jaccoud (1998), *Action publique et nouvelles pratiques sportives : roller et skate dans deux villes suisses*, Neuchâtel, Editions CIES.

Ch. Jaccoud et Y. Pedrazzini, éds. (1998), *Glisser dans la ville : les politiques sportives à l'épreuve des sports de rue*, Actes du colloque de Neuchâtel, Sept. 1997, Neuchâtel, Editions CIES.

Ch. Jaccoud, L. Tissot et Y. Pedrazzini, dirs. (2000), *Sports en Suisse : traditions, transitions et transformations*, Lausanne, Antipodes.

B. Jeu (1977), *Le sport, l'émotion et l'espace*, Paris, Vigot.

K

J. Kerouac (1960), *Sur la route*, Paris, Gallimard.

J. Kerouac (1963), *Les clochards célestes*, Paris, Gallimard.

J. Kerouac (1971), *Satori à Paris*, Paris, Gallimard.

J. Kerouac (1991), *Vanité de Duluoz*, Paris, Ch. Bourgois.

W. Kinsella (1993), *Shoeless Joe*, Paris, Ch. Bourgois, coll. 10/18.

L

H. Lefevbre (1970), *La révolution urbaine*, Paris, Gallimard.

H. Lefevbre (1961), *Critique de la vie quotidienne II : Fondements d'une sociologie de la quotidienneté*, Paris, L'Arche Éditeur.

S. Lefevbre, D. Latouche et J.-M. Chouinard (1997), *Le phénomène du patin à roues alignées : enjeux et perspectives d'avenir*, Montréal, proposition de recherche du Groupe « Culture et Ville » de l'Institut National de la Recherche Scientifique (INRS-Urbanisation) et Groupe DBSF.

D. Lepoutre (1997), *Coeur de banlieue : codes, rites et langages*, Paris, Editions Odile Jacob.

A. Loret (1995), *Génération glisse - Dans l'eau, l'air, la neige... La révolution du sport des « années fun »*, Paris, Autrement.

A. Loret (1996), *L'avènement d'un « sport alternatif » : du geste mesuré au geste vécu*, in : Lire & Savoir, n° spécial « Le sport à l'épreuve », Paris, Gallimard, mars, pp. 10-19.

A. Loret (1997), *Le sport en mouvement*, in : Cultures en mouvement n° 2, Paris, avril-mai, pp. 34-37.

A. Loret, dir. (1995), *Sport et management : de l'éthique à la pratique*, Paris, Revue ERS.

M

M. Maffesoli (1997), *La pulsion d'errance*, in : Sociétés n° 56, Paris, De Boeck Université, pp. 5-13.

M. Maffesoli (1988), *Le temps des tribus : le déclin de*

l'individualisme dans les sociétés de masse, Paris, Librairie des Méridiens, Klincksieck.

Ch. Malaurie (1994), *L'énonciation des territoires : la constitution d'une figure et d'un personnage du surfer dans l'espace aquitain*, in : J.-P. Augustin et al., Surf Atlantique, les territoires de l'éphémère, Bordeaux, Maison des Sciences de l'Homme d'Aquitaine.

A. Maurice (1987), *Le surfer et le militant*, Paris, Autrement.

N. Midol (1992), *Paradoxes de la dissidence*, in : Autrement, coll. Sciences et Société n° 4, Paris, avril, pp. 54-62.

N

S. Nieswizski (1991), *Rollermania*, Paris, Gallimard.

K. Nunn (1995), *Surf City*, Paris, Gallimard, coll. Série Noire.

P

P. Parlebas (1986), *Eléments de sociologie du sport*, Paris, PUF.

J. Pavageau, Y. Gilbert et Y. Pedrazzini, dirs. *(1997) , Le lien social et l'inachèvement de la modernité*, Paris, L'Harmattan.

Y. Pedrazzini (1997), *Le basket « malandro » des gangs de Caracas : une culturation contemporaine*, in : E. Perrin, dir., Sociologie du sport, Genève, Etudes et Recherches du GISS n° 5/1996.

Y. Pedrazzini (1995), *Les gangs et le basket-ball dans les barrios de Caracas (Venezuela) : un essai d'anthropologie métropolitaine*, in : Revue Suisse de Sociologie, Vol. 21, n° 3, Zurich, novembre.

Y. Pedrazzini, Ch. Jaccoud et E. Bigot (2000), Les sociabilités dans le sport auto-organisé : les associations de skaters à Lausanne, in : Ch. Jaccoud, L. Tissot et Y. Pedrazzini, dirs., *Sports en Suisse : traditions, transitions et transformations*, Lausanne, Antipodes.

Y. Pedrazzini et M. Sanchez R. (1997), *Bandes des barrios de Caracas et gangs des ghettos américains : vie violente et liens sociaux d'urgence*, in : J. Pavageau, Y. Gilbert et Y. Pedrazzini, dirs., Le lien social et l'inachèvement de la modernité, Paris, L'Harmattan, pp. 213-245.

O. Pégard (1998), *Une pratique ludique urbaine : le skateboard sur la Place Vauquelin à Montréal*, in : Cahiers internationaux de Sociologie, Vol. CIV, pp. 185-202, Paris, PUF.

G. Perec (1977), *Les lieux de la ruse*, in : Cause Commune 1977/1, Paris, UGE, coll. 10/18.

G. Perec (1975), *W ou le souvenir d'enfance*, Paris, Denoël.

Ch. Pociello (1995), *Les cultures sportives*, Paris, PUF.

Ch. Pociello et al. (1981), *Sports et sociétés : approche socio-culturelle des pratiques*, Paris, Vigot.

R

R. S. Reid (1993), *Cupide*, Paris, Gallimard, Série Noire.

B. Ricard (1994), *L'effervescence chez les groupes de rock : une forme de lien social*, in : Sociétés n° 46, Paris, Dunod.

L. Roulleau-Berger (1991), *La ville-intervalle : jeunes entre centre et banlieue*, Paris, Méridiens Klincksieck.

S

P. Sansot (1988), *Le rugby et les nouvelles pratiques sportives*, in : Sociétés n° 19, Paris, septembre, pp. 20-25.

P. Sansot (1984), *Une sociologie des émotions sportives*, in : Cahiers Internationaux de Sociologie, Vol. LXXVII, Paris, pp. 323-338.

J.-P. Sartre (1971), *L'Etre et le néant*, Paris, Gallimard.

J.-P. Sartre et M. Bouet (1994), *Sur deux ailes de bois*, in : Autrement n° 15 « Résister », Paris, mars, pp. 56-62.

G. Simmel (1989), *Philosophie de la Modernité*, Paris, Payot.

O. Sirost (1997), *Le présentéisme sportif*, in : Sociétés n° 55 « Sociologie du sport », Paris, De Boeck-Université.

G. de Soultrait (1995), *L'entente du mouvement (esquisses d'une résistance) - manifeste*, Guéthary, Vent de Terre/Surf Session.

J. Starobinski (1970), *Portrait de l'artiste en saltimbanque*, Genève, Albert Skira / Paris, Flammarion, coll. Champs.

M. Stierlin (1997), *Les nouvelles tendances dans le sport des jeunes*, in : Macolin n° 9/97, Ecole Fédérale de Sport et Jeunesse+Sport, pp. 2-3.

M. Stierlin (1997), *Ce qui distingue la lutte suisse du snowboard*, in : Macolin n° 9/97, Ecole Fédérale de Sport et Jeunesse+Sport, pp. 4-5.

M. Stierlin (1997), *Style de vie ou mouvement de jeunes*, in : Macolin 9/97, Ecole Fédérale de Sport et Jeunesse+Sport, pp. 8-9.

T

R. Thomas, A. Haumont et L. Levet (1987), *Sociologie du sport*, Paris, PUF.

M. Touché (1998), *Le skate-à-sons*, in : Ch. Jaccoud et Y. Pedrazzini, éds., Glisser dans la ville : les politiques sportives à l'épreuve des sports de rue, Actes du colloque de Neuchâtel, 18 et 19 septembre 1997, Neuchâtel, Editions CIES.

M. Touché (1996), *Les lieux de répétition des musiques amplifiées : défauts d'équipements et malentendus sociaux*, in : Les Annales de la Recherche Urbaine n° 70, Paris, Plan Urbain, pp. 58-67.

V

R. Vaneigem (1967), *Traité de savoir-vivre à l'usage des jeunes générations*, Paris, Gallimard.

P. Virilio (1984), *L'horizon négatif*, Paris, Galilée.

P. Virilio (1977), *Vitesse et politique*, Paris, Galilée.

W

Ph. Wenger (1997), *Les activités sportives en mutation : « En regard du sport de glisse, le devenir du sport suisse en question »*, Lausanne, Institut des Sciences du sport et de l'éducation physique, SSP, Université de Lausanne.

A. Willener (1990), *A la lumière de la vitesse : essai sur l'accélération du quotidien*, Lausanne, Editions Payot.

A. Willener (1987), *Broadway Blues : essai sur la culture contemporaine*, Genève, Georg Éditeur.

Z

A. Zouari (1996), *Le nouvel équipement sportif des villes : services de proximité et espaces de liberté*, in : Les Annales de la recherche urbaine n° 70, Paris, Plan Urbain, pp. 114-121.

Revues

Les Annales de la recherche Urbaine n° 79, « *Sports en ville* », Paris, METL, juin 1998.

Débat n° 19, « *L'âge du sport* », Paris, février 1982.

Esprit n° 4, « *Le nouvel âge du sport* », Paris, avril 1987.

Filmographie

« *Rolling* », film de P. Entell (1997), avec I. Gagliardo et E. Bigot.

Table des matières

663082 - Juillet 2016
Achevé d'imprimer par

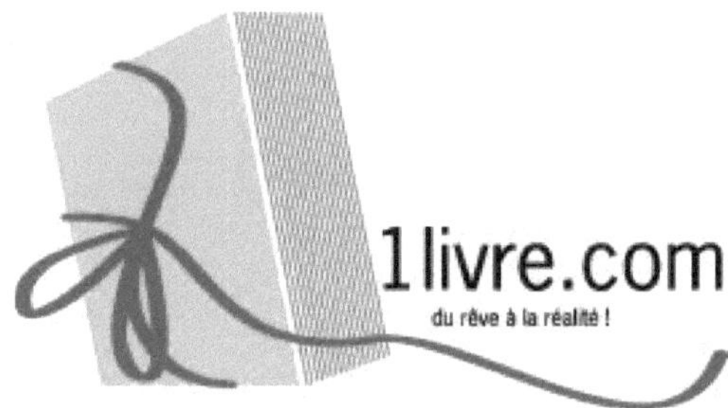